Paulas Erkenntnisse für ein leichteres Leben

DIE NEUEN KINDER SIND SCHON DA

EINE BOTSCHAFT AN DIE JUGEND FÜR DAS LEBEN AUF DER NEUEN ERDE

Paula Himmelreich

Die neue Erde ist schon da - die jungen Menschen auch.

Sie stehen schon lange in den Startlöchern, wissen aber noch nicht recht "wohin" die Reise gehen soll.

Die Zeiten sind sehr intensiv, starke Energien strömen täglich auf uns und Mutter Erde ein. Das belastet Körper, Geist und Seele gleichermaßen.

Einerseits leben wir "noch" in der alten Welt, mit deren Regeln und Vorschrift, andererseits können wir schon hinter den Schleier "spitzeln" und auf die neue Erde schauen.

Freudig erregt, möchten viele Erdenbewohner loslaufen- vielleicht aber auch weglaufen aus dem alten zähen System.

Viel wird über die neue Zeit gesprochen und auch geschrieben. Die Welten trennen sich und unser gesamtes Leben wird in Kürze völlig anders verlaufen, als bisher.

Irgendwie scheint in dieser Hektik etwas ganz Entscheidendes untergegangen zu sein: die Bedürfnisse unserer Jugend.

SIE sind die Gruppe die unsere neue Erde bevölkern wird! Den jungen Menschen drückt man elektronische Geräte in die Hand, damit sie beschäftigt sind und nicht aufwachen.

Sie leben in einer Art nie endend wollenden Warteschleife und wissen nicht einmal worauf sie eigentlich warten.

Es wird Zeit sie zu wecken.

Die einströmenden Energien sind mittlerweile so gewaltig, dass der Dimensionsprung jederzeit geschehen kann.

Dieses Büchlein ist an die Jugend gerichtet.

Die Paula zeigt den jungen Menschen, wie die Lebensenergiegesetze funktionieren.

Alles muß wieder verlernt werden. Anschließend kann die Wahrheit gesucht und gefunden werden.

Frei von jeglichen Einmischungen, kann der Mensch "seinen" eigenen Weg gehen.

Sie gibt eine Anleitung, wie man sich sein Leben und die materielle Welt so erschaffen kann, wie man es sich wünscht.

Sie erklärt wie man seine Schwingung anheben und seine Intuition schulen kann.

In einem Kapitel richtet sie das Wort an die Eltern.

Sandalphon ist der Engel, der die Wünsche in den Himmel trägt. Er hat sich gemeldet und erzählt dem jungen Leser, wie sich der Alltag auf der neuen Erde gestalten wird.

Eine wunderbare Aussicht auf eine neue Zeit.

Es kommt auf jeden einzelnen Menschen an, damit die Schwingung steigt.

Die jungen Menschen haben ein offenes Herz und eine wunderschöne lichtvolle Energie in ihren Zellen.

Die Jugend ist für den Aufstieg der Menschheit sehr bedeutsam, sie sind die Wegbereiter für die neue Welt-

mögen viele diesen Weckruf vernehmen, damit die Menschheit, mit der Liebe in ihrem Herzen in Freiheit, auf der neuen Erde leben können.

Die Autorin

Paula Himmelreich ist bekannt für ihre Publikationen zum Thema Bewusstsein.

Paulas Erkenntnisse die das Leben leichter machen

Die Wahrheit ist immer ganz einfach

ist etwas kompliziert,

dann ist es nicht wahr

Ihre Erfahrungen möchte sie mit den Menschen teilen,

um ihnen auch den Weg zu zeigen, endlich gesund und glücklich zu sein.

Haftungsausschluss

Bei psychischen oder körperlichen Beschwerden ist es ratsam einen Arzt aufzusuchen. Dieses Buch stellt keinen ärztlichen Ratgeber dar, und ist kein Ersatz für eine ärztliche Diagnose. Jegliche Haftung ist ausgeschlossen.

Inhaltsverzeichnis

Vorwort

Wir stehen am Ende einer verstand-orientieren Welt und am Beginn eines neuen herz-bestimmten Zeitalters.

Die Welten trennen sich.

Für uns Erdenbewohner sind es sehr herausfordernde Zeiten, manches Mal auch recht anstrengend. Mit einem Bein ist man auf der alten Erde mit ihrem dualistischen System und mit dem anderen schon in der neuen Welt. Von einer Minute auf die andere katapultiert es einen in Sphären, die einfach nur als himmlisch bezeichnet werden können. Wer das erleben darf und schon mal "hinüberspitzeln" konnte auf die neue Erde, der möchte nicht mehr zurück.

Wozu auch?

Wer wünscht sich schon freiwillig ein Hamsterradleben?

Dieses wechseln zwischen den Welten, kann mehrmals am Tag "passieren".

Es ist ganz einfach die neue Erde zu besuchen.

Wer meine Ausführungen zum Thema Aufstieg der Erde verfolgt, kennt meinen Leitspruch:

Die Wahrheit ist immer ganz einfach,

ist etwas kompliziert,

dann ist es nicht wahr.

Tatsächlich ist es ganz einfach in die höheren Ebenen zu gelangen. Menschen, die sich mit Bewusstsein und Energiegesetzen beschäftigen, wissen wie sie dorthin gelangen können. Viele Schriften gibt es zu diesem aktuellen und wirklich hochinteressanten Thema, das uns **alle** Erdenbewohner betrifft.

Aber: Jetzt kommt ein großes **aber**, anscheinend wird bei diesem Thema eines völlig vergessen: Es gibt nicht nur Menschen, sondern es gibt auch **junge** Menschen. Die scheint man irgendwie vergessen zu haben. Die Jugendlichen oder jungen Bewohner, steigen auch in eine höhere Dimension auf. Sie sind ebenso von den Aufstiegssymptomen betroffen, wie wir nicht mehr ganz so jungen Leuten.

Keiner erklärt dieser Generation, dass sich ihr Leben bald völlig anders gestalten wird. Wenn sie keine bewussten Eltern haben, driften sie ab und versuchen ihre innere Leere mit Alkohol und Drogen zu füllen. Sie flüchten in eine digitale Welt, um sich nicht in der alten Welt, die scheinbar keinen Platz für sie hat, zu verlieren.

Unterstützt wird diese Flucht in eine Scheinwelt von unserer Gesellschaft: einerseits den Konzernen und Medien und andererseits fördern dieses Entkommen weg von einem naturverbundenen Leben, selbst die eigenen Eltern.

Diese Generation ist sehr wichtig: Sie wird die neue Erde bevölkern und eine neue Gesellschaft aufbauen.

Die Menschheit erwacht. Sie wechselt vom Verstand in ihr Herz. Sämtliches Leid wird enden, wenn die Liebe wieder Einzug hält. Die jungen Leute sind unsere Zukunft, wir müssen uns um sie kümmern! Es geht um unser aller Leben.

Diese Anleitung aus der geistigen Welt, soll den jungen Menschen einen Leitfaden an die Hand geben, damit sie sich in dieser holprigen Zeit zurechtfinden. Sie sollen **ihren** Weg finden, aber dazu müssen sie sich erst frei machen.

Dieses Büchlein soll gleichermaßen für die junge Generation eine Hilfestellung sein, aber auch für die Eltern, die vielleicht ihre Sprösslinge nicht mehr verstehen.

In dieser einmaligen Zeit, in der wir leben, müssen wir gut zusammenrücken, und unseren Fokus neu justieren, sonst läuft das Leben schnell einmal aus dem Ruder.

Die Kinder wollen endlich auf die neue Erde- ja das möchten sie, wenn man sie lässt.

Dieses Büchlein liegt mir sehr am Herzen. Ich hoffe, es findet den Weg zu vielen jungen Mitbewohnern, dieses wundervollen Planeten.

Viele Jugendliche kommen zu mir und ersuchen mich um Rat, weil sie nicht mehr weiter wissen. Sie fühlen sich von den Lehrern, Eltern und der Gesellschaft völlig unverstanden. Manches Mal fahren sie ihr Leben regelrecht an die Wand oder noch schlimmer, sie haben keine Lust mehr zu leben.

Das ist eine Schande, eine ganze Generation steht völlig perspektivlos auf einem Abstellgleis. Das muss sich ändern. Ich möchte die jungen Menschen wachrütteln.

Liebe Leserin, lieber Leser, ich möchte dir nicht **meine** Ansichten auf das sprichwörtliche Auge drücken, sondern ich möchte dir einen Weg zeigen wie du **deine** Wahrheit finden kannst. Ich möchte dir mit diesem Büchlein auch klarmachen, dass du nicht falsch bist. Ganz im Gegenteil: **DU** bist völlig in Ordnung so, wie du bist. Was **nicht** in Ordnung ist die Welt so wie sie jetzt ist. Das ist die Wahrheit. Lass dir niemals etwas anderes einreden, denn es ist einfach nicht wahr.

Warum richte ich diese Botschaft an die jungen Menschen?

Als ich auch noch jung war, ging es mir ähnlich, wie es dir heute wahrscheinlich geht: Ich hatte das Gefühl, irgendetwas stimmt hier nicht. Ich überlegte immer, was denn an diesem Leben nicht in Ordnung sei. Ich war permanent am überlegen, ob das so wie es ist, richtig ist?

Mein Leben verlief für damalige Verhältnisse (vor ca. 40 Jahren) ganz "normal". Realschule, Ausbildung bei der Post, mit 18 Jahren von zu Hause ausgezogen und noch im selben Jahr geheiratet. Später bekam ich ein Kind und ein Haus. Beruflich war ich mal Angestellte, mal Hausfrau und auch einige Jahre Selbständig. Trotzdem irgendwie ließ mich das Gefühl nicht los, dass das alles nicht echt und wahr ist was ich so erlebte. Diese innere Unruhe ließ mich auf die Suche gehen...

Ich suchte die Wahrheit.

Damals, stelle dir das mal vor, gab es noch kein Internet! Ich kaufte mir Bücher, die es im Buchhandel nicht gab. Also verbotene Lektüre!!! (grins). Die Recherche war etwas umständlich, aber möglich. Heutzutage ist es leicht. Ein paar Klicks und schon kann man sich informieren.

Die Suche hat mich durch viele Themen gejagt. Das, was ich herausfand, war wirklich ernüchternd und auch erschütternd.

Weißt du, all das, was ich von Kindesbeinen an gelernt und später als junger Mensch gelebt hatte, stellte sich als falsch heraus. Die Erkenntnisse darüber würden ein ganzes Buch füllen.

Dabei möchte ich es auch belassen. Würde ich dir jetzt die Ergebnisse meiner Recherchen mitteilen, wärst du in diesem Moment schon wieder mit Daten zugemüllt. Wir wollen ja deine Festplatte erst einmal löschen, bevor du sie wieder neu beschreiben kannst.

Dann erkannte ich etwas, das wirklich total abgefahren ist- es wurde für mich richtig spannend. Das erzähle ich dir gleich im nächsten Kapitel.

Später, als meine Tochter selbst schon eine junge Dame war, kamen viele ihrer Freunde zu mir und baten mich um Rat. Das ist selbst heute noch so. Diese jungen Leute hatten so viele Fragen und keiner konnte ihnen eine Antwort geben.

Niemand hörte ihnen zu und nahm sie ernst. Ihre Eltern und Lehrer saßen ihnen im Genick und machten Druck, damit sie gute Zensuren mit nach Hause brachten. Für ihre tiefsten Sorgen, Nöte und auch Sehnsüchte waren da kein Platz.

Es gab einige die in eine Sucht flüchteten oder sich sogar den Tod herbeisehnten. Sie alle hatten eines gemeinsam: Sie spürten instinktiv, dass hier irgendetwas nicht stimmt. Ihnen ging es so ähnlich wie mir, als ich jung war: Sie fühlten sich halt- und orientierungslos. Ein junger Mann konnte den Schmerz nicht aushalten und ging vorzeitig wieder nach Hause.

Das Leben ist sehr kurz und kostbar. Es tut mir in der Seele weh, wenn ich sehe, wie die Jugend ihre wertvolle Lebenszeit in muffigen Zimmern vor ihren elektronischen Geräten verbringt. Es scheint die Sonne, das Leben wartet um gelebt zu werden- dennoch wird eine virtuelle, also nicht **reale** Welt, dem **echten Leben** vorgezogen. Schade um das schöne Leben.

Weißt du, wir leben in einer alles andere als "normalen" Zeit, deswegen dieses Büchlein, mit ein paar Tipps, um besser zurechtzukommen.

Das Leben macht so viel Spaß, es will vor allen Dingen gelebt werden.

Es soll Institutionen geben, denen ist etwas daran gelegen, dass ihr vom Leben ferngehalten werdet. Es ist Zeit, dass ihr aufwacht. Ihr seid die Generation, auf die es ankommt. Wenn ihr den Karren nicht herumreißt, wer dann? Die Alten sicherlich nicht, die sind meist zu sehr "festgefahren".

Diese Darstellungen sollen dir Perspektiven aufzeigen wie du ein tolles Leben führen kannst- fernab den ganzen Zwängen, die euch aufgebürdet werden. Dazu musst du jetzt nicht in den Wald ziehen und Beeren essen und Hirsche erlegen, nein- du kannst hier weiter leben, aber du musst nicht mitspielen, du kannst dein eigenes selbstbestimmtes Leben führen.

Du liest hier etwas von Botschaft und neuer Erde: Das erkläre ich dir auch in einem extra Kapitel, was es mit der geistigen Welt und deren Bewohnern so auf sich hat, falls du mit den geistigen Freunden noch keinen Kontakt pflegst. Du siehst, es gibt viel zu lesen für dich. Ich wünsche mir von Herzen, dass du die Vorschläge für dich gebrauchen kannst. Vielleicht kannst du damit auch dem einen oder anderen Bekannten einen Freundschaftsdienst erweisen, indem du ihm das Buch in die Hand drückst.

Ich weiß, dass es auf **euch** ankommt, deswegen ist gerade **dieses** Buch so wichtig um **eure** Generation an den Start zu bringen.

Ich empfehle meinen Lesern immer meine Büchlein mit dem Herzen zu lesen. Das möchte ich dir auch empfehlen: Lese dieses Buch mit deinem Herzen, dann wirst du die Wahrheit erkennen. Ich hoffe, du wirfst es jetzt nicht in die nächste Ecke und denkst dir: "Jetzt kommt so ein esoterischer Quatsch."

Solltest du noch die Schulbank drücken oder vor kurzem die Bildungsstätte verlassen haben, wirst du sicherlich noch in Sachen Rechtschreibung fit sein. Das ist auch ein Relikt der alten Zeit. Als ich das Schreiben lernte, gab es noch völlig andere Regeln als heute. Es gibt Menschen die denken sich immer etwas aus, um andere zu beschäftigen- warum weiß keiner. So muss es auch mit der Rechtschreibreform gewesen sein. Ich gebe bewusst meine Büchlein und Blogbeiträge keinem Lektorat. Ich habe mich völlig frei gemacht von sämtlichen "Regeln" oder "Vorschriften" die irgendwelche "wichtigen" Menschen aufgestellt haben. So weit es im Bereich des Möglichen ist, lebe ich ein freies Leben, ohne Vorschriften. Ein weiterer Grund des Verzichts eines Lektorates ist: Ich möchte nicht die Energie verfälschen. Sobald ein anderer Mensch "korrigiert" ist seine Energie mit in dem Werk und das lehne ich ab. Der allergrößte Teil ist von der geistigen Welt andiktiert und sollte möglichst 1 zu 1 wiedergegeben werden. Soviel in eigener Sache.

Die Liebe wohnt in unserem Herzen. Da gibt es keine Probleme, da ist alles in Ordnung. Ich habe die Erfahrung gemacht, dass besonders ihr, die ihr erst seit kurzem auf dem Planeten seid, besonders offene und weite Herzen habt. Das ist toll, auch wenn es vielleicht dem einen oder anderem gar nicht bewusst ist.

Also schalte deinen Verstand aus, lass ihn sich ausruhen. Lese einfach weiter ohne zu bewerten, sei neugierig wie ein Kind und schaue einfach, was noch alles kommt. Das Buch in die Ecke werfen, kannst du ja am Ende immer noch...(grins).

Hast du *keinen* Plan wie dein Leben aussehen soll?

Super, das gefällt mir! Alles richtig gemacht!

Einen Plan zu machen, das haben dir sicherlich die Erwachsenen eingeredet! Du solltest dir überlegen wie "deine Zukunft" aussehen solle..."

STOPP!

Jetzt beginnen wir erst einmal beim Einmaleins der Bewusstseinslehre:

1. Es gibt keine Vergangenheit. Die ist vorbei. Sie kann nicht verändert werden, außer du würdest in der Zeit zurückreisen.

2. Genauso wenig gibt es die Zukunft. Sie ist einfach noch nicht da. Folglich macht es auch wenig Sinn sich allzu viele Gedanken darüber zu machen, was einmal sein wird oder nicht.

3. Die Gegenwart, die gibt es.

Das ist die einzige Zeit, die es wirklich gibt: **JETZT**, das ist die Wahrheit.

Die Vergangenheit und die Zukunft findet nur in den Köpfen der Menschen statt. Das wirst du sicherlich auch kennen: Du besuchst deine Oma, Tante oder eine oder einen anderen alten Verwandten: Die Geschichten, die sie dir erzählen, handeln meistens von irgendwelchen alten Kamellen. Gut, Kriegsgeschichten bleiben dir wahrscheinlich erspart, da diese Generation schon fast ausgestorben ist, aber es gibt genügend andere alte Geschichten, die einem zum Gähnen bringen.

Deine Eltern werden dich andererseits eher mit der Zukunft piesacken: "Du sollst dir Gedanken über deine Zukunft machen, was willst du einmal werden? Wie soll das alles mit dir nur weitergehen? Du musst doch endlich Mal auf eigenen Füßen stehen!"

Freilich bei seinen Eltern zu wohnen bis man 50 Jahre alt ist, macht sicherlich keinen großen Spaß. Ich kenne dich ja nicht persönlich, vielleicht wäre das für dich nicht das Schlechteste, ich wiederum bin ja auf der "anderen" Seite, also auf der Elternseite und fände es gar nicht cool, einen erwachsenen Sprössling zu Hause zu haben.

Ich bin da eher bodenständig und sehr realistisch: In der Tierwelt werden die Kinder, wenn sie Flügge sind, einfach aus dem Nest geschubst, wenn sie nicht freiwillig ihre Flügel schwingen. So ähnlich sehe ich das auch bei uns Menschen. Wer sich selber waschen kann, nicht mehr gefüttert werden muss und sich sonst auch einigermaßen in der Welt zurechtfindet, sollte gehen und ein eigenes Leben anfangen. Trotzdem kann es auch völlig in Ordnung sein, bei den Eltern noch ein paar Jahre abzuhängen, wenn das für sie auch o.K. ist, aber nur dann!

So richtig erwachsen wird man erst, wenn man sich von den Eltern löst. Alleine eine örtliche Trennung besagt nichts über den Ablösungsprozess. Das ist eher ein geistiges Trennen, was uns zu eigenständigen Menschen macht. Das ist wichtig und richtig. In der Tierwelt werden die kleinen Zöglinge, wenn sie dem Leben übergeben worden sind, von den Eltern vergessen. Sie konzentrieren sich auf einen neuen Nachwuchs. Das ist völlig in Ordnung und natürlich.

Keine Angst, bei uns Menschen ist das eher der Ausnahmefall, dass man von den Eltern vergessen wird. Die meisten kümmern sich um ihr Kind und schicken es in die Schule. Sie möchten, dass es lesen und schreiben lernt, damit aus dem Kleinen einmal etwas "Ordentliches" wird!

Hast du Eltern, die dich einfach deinen Job in der Schule machen lassen oder hängen sie dir an deinen Fersen und schieben dich ständig an, damit aus dir nicht nur etwas wird, sondern etwas "ganz Tolles" wird? Vielleicht sollst du jemand mit vielen Titeln werden oder einer der eine Uniform trägt. Die Eltern würden sich auch über einen Arzt in der Familie freuen oder sie wünschten sich, du würdest zum Mond fliegen. Nur einen "Handwerksberuf", das ist ihnen zu einfach für dich! Sind deine Eltern so ähnlich wie ich es gerade beschrieben habe?

Dazu ein bisschen etwas im nächsten Kapitel.

Mein Lieblingsthema: Schule. Also ich war heilfroh, als ich dieses unliebsame Kapitel nach einem Jahrzehnt beenden konnte. Keine 10 Pferde hätten mich jemals wieder in so eine Bildungsanstalt gebracht.

Das Interesse an der Welt und wie sie funktioniert, ist bei mir sehr stark ausgeprägt. Viel Zeit meines Lebens verbrachte ich damit, Antworten zu finden. Komisch ist allerdings, dass ich in der Schule zu allen diesen Fragen niemals eine Antwort fand. Naheliegend wäre eigentlich, dass ich im Religionsunterricht dazu Erklärungen bekommen hätte. Fehlanzeige! Das war ja wohl gar nichts. Die Katholiken, wahrscheinlich auch die anderen Konfessionen, wissen nicht viel. Im Gegenteil, sie lenken ihre Schäfchen in eine Richtung, die eher einer Sackgasse ähnelt, als dass sie zur Erleuchtung führen könnte. Für mich war mit 18 Jahren Schluss und ich gab meine Vereinszughörigkeit bei den Katholiken, auf.

Ja das Abitur blieb mir erspart, wahrscheinlich dachten meine Eltern ich hätte nicht genug Gehirnschmalz und Ehrgeiz. Nicht nur wahrscheinlich, damit hatten sie völlig recht. Zumindest diese Entscheidung meiner Mutter und Vater waren richtig für mich. Es gibt allerdings Erziehungsberechtigte, die sehen das völlig anders:

Orientierungslose Jugendliche schickt man heute gerne auf die Uni, dann sind sie erst einmal "aufgeräumt".

Wird unsere Jugend an der Uni geparkt?

Ja, ich weiß, das hört sich provokant an.

Ich möchte betonen, dass ich bei meinen sämtlichen Ausführungen nie irgendetwas verallgemeinern möchte. Es liegt mir fern, Menschen oder bestimmte Gruppen in einen Topf zu werfen. Ich bitte darum, dass sich niemand auf den Schlips getreten fühlt. (In solchen Fällen empfehle ich dann immer, Gefühle, die hochkommen aufzulösen...)

Ich reise ein paar Jahrzehnte zurück. Nein, früher war nicht alles besser, nur zur Verdeutlichung unserer aktuellen Lebenssituationen, dienen alte Kamellen immer ganz gut.

Als wir damals die 4. Klasse besuchten, musste man sich entscheiden, ob man auf das Gymnasium gehen möchte, bzw. **könnte**! Am Zwischenzeugnis erkannte man, ob es jemand kann oder nicht kann. Eigentlich wusste man es schon vorher. Es gab immer so ein paar "Streber" in der Klasse: Klar, die drücken noch länger die Schulbank. Das waren nur ein paar Schüler pro Klasse, die **mit Abstand** zum Rest der Klasse richtig gute Zensuren hatten. Irgendwie wusste man damals schon, was aus den Mitschülern einmal werden würde: Einer wurde tatsächlich Pfarrer, das wusste man damals schon...(grins).

Ja der Rest trennte sich dann in der 6. Klasse. Ein Teil blieb auf der Hauptschule der andere ging auf die Realschule. Viele Mädchen wechselten damals in die weiterführende Schule, da die meisten in einen Bürojob gingen. Die Buben blieben meist auf der Hauptschule, da sie einen handwerklichen Beruf ausüben wollten.

So war uns schon in der Schulzeit fast allen klar, welchen Beruf wir einmal ausüben möchten.

Jeder ging, entsprechend seiner Begabungen und Fähigkeiten, genau auf **die** Schule die zu ihm "passte", fertig. Übereifrige Eltern, die wollten, dass aus ihrem Kind einmal "etwas wird", gab es auch, aber sehr wenige. Übrigens machten wir alle unsere Hausaufgaben alleine ohne Eltern, das war völlig normal. Wir schafften die Schule auch ohne Hilfe. Auf die Idee wäre damals niemand gekommen, sich jeden Nachmittag stundenlang neben sein Kind zu setzen und "mitzulernen". Wozu auch? Wir schafften unsere Hausaufgaben alleine- ich bin mir sicher auch heute können Kinder alleine ihre Aufgaben machen. Warum sollten sie es heute nicht mehr können?

Damals war es noch angesehen, wenn jemand ein Schreiner, Maler, Bäcker oder eine Sekretärin geworden ist. Man konnte seinen Lebensunterhalt verdienen, zog mit 18 oder 20 Jahren von zu Hause aus, und heiratete oder auch nicht. Alles war in Ordnung. Niemand kam auf die Idee den Lebensplan zu hinterfragen oder auf den Kopf zu stellen. Alles war so, wie es ist, somit gab es für uns keinen Stress was die Zukunftsplanung anbelangte. Weiterführende Schulen, also diesen sogenannten zweiten Bildungsweg, gab es auch, aber kaum jemand nahm ihn in Anspruch. Von uns waren die meisten froh, endlich aus der Schule zu kommen, um eigenes Geld zu verdienen. So lange wollte keiner Zuhause wohnen bleiben, die Tage wurden gezählt, um schnellstmöglich auf eigenen Beinen stehen zu können.

So, jetzt machen wir ein Zeitsprung in die Zukunft, beziehungsweise in die Gegenwart:

Heute versucht die Mutti und der Vati schon vom 2. Lebensjahr an, dem Nachwuchs das Lesen und Rechnen beizubringen und spätestens bei der Einschulung muss das kleine und große Einmaleins sitzen!!! (Kleiner Scherz am Rande)

Wobei..., so ähnlich ist es heute doch, oder? Mal ganz ehrlich liebe Eltern, wie geht ihr mit eurem Sprössling um? Seid ihr völlig gelassen und überlasst euren Kindern die Verantwortung für die Schule? Oder seid auch ihr Eltern, die jeden Nachmittag bei den Hausaufgaben eifrig mitrechnen, abfragen, korrigieren und motivieren? Soll der Sprössling vielleicht auch ein IT-Profi werden, aber unter **keinen Umständen "nur"** ein einfacher Arbeiter? Habt ihr vielleicht auch die Vorstellung aus eurem Nachwuchs müsste mal wirklich etwas werden?

Tja, so in dieser Art, machen es heute die meisten Eltern. Sie übertrumpfen sich sogar gegenseitig, nur um den "besseren Nachwuchs" zu haben.

Sie übersehen dabei völlig wie es ihrem Zögling dabei geht. Das Kind wird immer stiller, bekommt vielleicht sogar ein paar bunte Smarties, damit die Konzentration wieder besser wird, oder sogar echte Pillen, damit das ADHS unterdrückt wird.

Wenn es so ein armes Kind trotz Nachhilfe nicht schafft eine weiterführende Schule zu besuchen und "nur" auf die Hauptschule gehen kann, dann schämen sich die Eltern manchmal sogar für ihren Nachwuchs. Beschwichtigend wird auf die Frage, welche Schule das Kind besuchen würde erklärt: "Nach dem Abschluss holt unsere Tochter/unser Sohn natürlich das Abitur nach!"

Später, nach dem Abitur, gehen viele Jugendliche einem Studium nach, einfach um Zeit zu gewinnen. Sie wissen nicht recht was ihnen beruflich Spaß machen würde- doch bevor sie zu Hause herumsitzen, gehen sie lieber studieren.

Jetzt kommen wir dem Punkt nahe, auf den ich hinaus wollte:

Genau so ist das gewohnte Leben im System- es lässt kaum Freiraum für Kreativität oder, ganz frei herausgesagt: für Faulheit. Nein, bei uns gibt es nur Vollgas, oder man ist ein Versager. Egal wie, es scheinen viele Mittel recht, um dieses erklärte Ziel des immer erfolgreichen Karrieremenschen zu erreichen.

Ich finde, die Jugendlichen sollten nach der Schule die Möglichkeit haben mindestens ein Jahr lang oder länger, einfach nur zu "gammeln", oder drücken wir es gewählter aus: Sie sollen nach der Schule einfach nur "Sein", dürfen.

Ich habe noch mehr solche tollen Ideen, für eine bessere Welt- für eine Welt die schon ganz nah ist...

Ich möchte ab jetzt das Wort direkt an den jungen Leser richten. Solltest du nicht mehr so ganz jung sein, macht es überhaupt nichts aus. Auch du wirst auf die neue Erde "umziehen" oder auch nicht, wenn du es nicht ganz so unbeschwert und glücklich magst. (zwinker)

Damit du Neues auch wirklich verstehen kannst und vor allen Dingen dauerhaft abspeichern, solltest du zuerst einmal auf **delete** drücken.

Komm, wir löschen erst einmal deine Festplatte

Bevor du jetzt schreiend mit deinem Laptop unter dem Arm davonläufst, atme tief durch, keine Angst deinem Computer passiert nichts. Ich möchte deine Festplatte zwischen deinen Ohren löschen.

Noch einmal: keine Angst, das tut nicht weh! Ähnlich wie bei deinem Computer, ist anschließend **deine** Rechnerleistung wieder blitzschnell, wenn alte Dateien gelöscht werden.

Ich habe dir eingangs eröffnet, ich möchte dich ermutigen deine Wahrheit zu finden. Dafür brauchst du Platz in deinem Kopf. Wenn du zugemüllt bist, wirst du das neu gefundene, nicht einordnen können. Es wird kollidieren mit dem alten Schrott, den du in deinem Kopf herumträgst.

Wenn du jetzt entrüstest bist:" Sooo alt bin ich doch noch gar nicht, als dass ich meinen Verstand schon mit viel Unwichtigem beladen habe!"

Das hat nichts mit dem Alter zu tun.

In unserer sogenannten zivilisierten Welt gibt es heutzutage soviel Input wie noch zu keiner Zeit.

Als vor 100 Jahren meine Oma noch jung war, bekam sie fast gar nichts von dem damaligen Weltgeschehen, mit. Sie lebte in einem kleinen Dorf, arbeitete von Sonnenaufgang bis Sonnenuntergang, 7 Tage die Woche. Die einzige Informationsquelle war das Radio, das nur sonntags lief. Ich weiß nicht, wann meine Oma das erste Mal einen farbigen Menschen gesehen hat. Wahrscheinlich nach dem Krieg als die Alliierten einmarschierten. Sie lebte **ihr** Leben, was in der Welt passierte, wusste sie meist nicht. Ob in China der sprichwörtliche Sack Reis umgefallen ist, interessierte sie in Prittriching bei Augsburg überhaupt nicht. Es hatte für ihr Leben überhaupt keine Bedeutung, ob und wo gerade eine

Naturkatastrophe einen Landstrich zerstörte. Klar, als dann der 2. Weltkrieg ausbrach, hatte dieses Ereignis natürlich einschneidende Auswirkungen auf ihr Leben.

So jetzt frage ich dich: Heutzutage wird immer behauptet, wir müssten immer zeitnah am Weltgeschehen sein, über alles müssten wir sofort informiert sein, warum eigentlich?

Weshalb muss ich wissen, wenn irgendwo auf der Welt ein Hurrikan durch ein Land fegt? Vielleicht findet die Naturkatastrophe in einem Land statt, von dem ich erst einmal auf der Landkarte schauen muss, **wo** es überhaupt liegt.

Kann ich irgendetwas daran ändern? Nützt es mir wirklich, wenn ich weiß, dass irgendwo "etwas passiert" ist?

Ich sage, nein! Weißt du, ich gehe noch einen Schritt weiter: Ganz im Gegenteil, es schadet uns nur, von so vielen schrecklichen Dingen zu hören. Alles bleibt in unserem Gehirn und vor allen Dingen in unserem Unterbewusstsein hängen. Schreckliche Bilder sind nicht in ein paar Tagen aus unserem Gedächtnis wieder verschwunden, nein sie sind gespeichert. Gut, diese Daten rutschen immer weiter nach hinten, aber weg sind sie nie.

Die Macht der Bilder...

Ich möchte hier kein "Aufklärungsbuch" verfassen. Keine Angst, die Paula schreibt jetzt nichts über die Bienchen...

(zwinker) Ich meine mit Aufklärung, das Aufdecken der Wahrheit.

Natürlich hätte ich zu diesem Thema enorm viel zu sagen, das würde Bände füllen. Aber: Ich möchte dich nicht mit **meiner** Wahrheit überschütten! Nein ganz und gar nicht! Ich möchte dir aufzeigen, wie du **deine** Wahrheit finden kannst. Du sollst **deinen** eigenen Weg gehen und **dein** Leben leben.

Also, wir waren immer noch bei dem Löschen deiner Festplatte. Noch haben wir nichts gelöscht. Du sollst erst einmal verstehen wie viel Datenmüll du tagein tagaus in deinem Gehirn speicherst, ohne dir darüber bewusst zu sein.

Zurück zu meiner Oma. Wir haben festgestellt die einzigen Infos, die sie damals bekam, waren die Radiomeldungen, Information aus der Zeitung, oder der Nachbartratsch. Das war alles.

Jetzt schauen wir uns einmal dein Leben an. Ich kenne dich nicht und weiß natürlich überhaupt nichts von dir. Wenn ich Beispiele anführe, dann sind sie immer pauschal und dienen nur zum besseren Verständnis. Ich möchte damit nicht die gesamte Jugend über einen Kamm scheren, ganz und gar nicht!

Jetzt betrachten wir einmal die Informationsflut, der du den lieben langen Tag ausgesetzt bist:

Ich gehe davon aus, dass du auch so ein kleines tragbares Telefon hast. Wie viele Minuten oder Stunden am Tag liest du vom Handy ab? Hast du einen Fernseher zu Hause? (ich weiß blöde Frage, aber es gibt mittlerweile Menschen, die weigern sich in diesen viereckigen Kasten zu schauen). Jetzt könntest du sagen: "Ach diese seichten Geschichten die ich mir so reinziehe, haben wohl keine so große Auswirkung auf mein Gemüt." Ja das stimmt, auch ich konsumiere leichte Kost im Fernsehen. Ich schaue nur Naturfilme mit Tieren, lustige Sendungen, und alte Filme an, Werbung natürlich gar nicht. Solltest du dagegen von der harten Sorte sein und dir regelmäßig Gewaltfilme reinziehen, dann musst du dich nicht wundern, wenn du mit Wut oder vielleicht sogar Aggressionen in deinem Inneren zu kämpfen hast.

Weißt du unser Unterbewusstsein ist genial. Es nimmt alle Eindrücke eins zu eins auf.

Es wurden zahlreiche Forschungen über unser Unterbewusstsein gemacht, da gibt es sehr interessante Ergebnisse. Nur ein Beispiel:

Probanden sollten eine gewisse Zeit meditieren, dabei mussten sie sich vorstellen, sie würden joggen. Sie sollten sich das so real als möglich ausmalen.

Jetzt kommt das erstaunliche: Einzig und alleine die **Vorstellung** eines regelmäßig ausgeübten Ausdauersports, ließ ihre körperliche Fitness **messbar** ansteigen. Puls, Blutdruck ec., haben sich signifikant ins Positive verändert, ähnlich der Vergleichsgruppe die regelmäßig joggen ging. (also in der Realität)

Unser Gehirn ist richtig mächtig. Unterschätze niemals die Macht der Gedanken. Gedanken haben eine gigantische Energie und erzeugen deine Realität. Wenn du dein Gehirn mit Mord und Totschlag fütterst, wird folglich nicht viel Gutes dabei herauskommen.

Spielst du Computerspiele, wenn ja, welche Art von Spiele? So in der Art von Zelda oder lieber etwas mit Mord und Totschlag? Ich war auch eine leidenschaftliche Spielerin. Aus eigener Erfahrung kenne ich das Suchtpotenzial solcher Freizeitgestaltung. Es gab Zeiten, da habe ich meinen Haushalt im Eiltempo verrichtet, und jede freie Minute vor dem Kasten gesessen. Aus meiner heutigen Sicht weiß ich, wie tief diese Bilder gehen. Jetzt 30 Jahre später, sind die Animationen der Computerspiele so täuschend "real", dass es einem fast gruseln könnte.

Es geht noch weiter. Auch du hörst vielleicht Radio, hast einen Computer zu Hause, vielleicht liest du eine Zeitung und schaust Nachrichten an.

Es wäre doch interessant zu wissen, wie viele Stunden täglich Informationen auf dich einprasseln. Überschlage das einmal grob, wieviel Zeit du am Tag irgendwelche Infos tankst.

Ja jetzt hätte ich die "nicht digitalen" Einflüsse fast vergessen. Solltest du noch die Schulbank drücken, bekommst du auch hier jede Menge Input für dein Gehirn.

Unser Gehirn kann unwahrscheinlich große Datenmengen aufnehmen. Die Festplatte ist riesig, wahrscheinlich sogar unendlich.

Es gibt hochintelligente Menschen, die können enorm viel abspeichern und wieder "auswerfen". Ein Problem entsteht nicht, dass die Festplatte "voll ist", nein es ist das Unterbewusstsein, das irgendwann tilt.

Wir haben nicht nur ein Gehirn, sondern auch ein Herz. Emotionen machen uns erst zu fühlenden Menschen.

Solltest du auch zu denjenigen jungen Leuten gehören, die sich tagein tagaus Informationen aus der großen weiten Welt reinziehen, dann ist es für dich sicherlich interessant zu wissen, wie du den ganzen Schrott auch wieder loswirst, um Platz für die wirklich wichtigen Dinge zu schaffen.

Finde DEINE Wahrheit

Die Aufzählungen aus dem vorigen Kapitel bezogen sich hauptsächlich auf den Datenmüll den du dir in deinem Alltag selber reinziehst. Jetzt zeige ich dir, was du von Außen, im Laufe deines kurzen Lebens, schon eingetrichtert bekommen hast. Diese Dinge müssen nicht zwangsläufig falsch sein, aber auch nicht wahr. Ich möchte dir einen Anreiz geben, die Dinge näher zu betrachten und zu hinterfragen. Es geht darum, dass du lernst, nicht alles einfach so zu schlucken, nur weil es dir ein "Erwachsener", "Lehrer", oder sonst ein sich wichtig vorkommender Mensch, vorsetzt.

Erstens ist niemand wichtiger oder gescheiter als du. Lass dich nicht beeindrucken von irgendwelchen Titeln oder Uniformen. Alle Menschen egal welcher Herkunft sind gleich.

Weißt du **welche** Menschen mich immer schon beeindruckt haben?

Leute die, egal was passiert, immer lächeln und einen lockeren Spruch auf den Lippen haben. Diejenigen, die auch dann, wenn ihnen das Leben mal nicht so wohlgesonnen ist, ihren Tag mit der gleichen Gelassenheit leben, als ob alles Friede Freude Eierkuchen, wäre. Da wollte ich auch hin, so wollte ich werden.

Das war mein erklärtes Ziel:

Egal was da Draußen los sei: Ich wollte immer Spaß haben und das Leben in vollen Zügen genießen.

Mich haben noch nie irgendwelche Stars und Sternchen oder promovierte Menschen beeindruckt, nein das war mir nie wichtig. Beeindruckt haben mich die Erdenbewohner die es einfach **können**. Die wissen wie das Leben funktioniert. Das wollte ich herausfinden. Ich fragte mich immer, wo der Trick dabei ist?

Ich habe ihn gefunden.

Weißt du, was ich herausgefunden habe?

Es ist sogar ganz leicht. Man muss nichts lernen, üben oder sogar einen Kopfstand dafür machen. Nein, es kann jeder schnell kapieren und es einfach leben.

Für das Leben braucht man keine Bedienungsanleitung, das geht auch ohne.

Es ist wirklich ganz einfach:

1. **Vergiss alles, was sie dir erzählt haben** oder zumindest das, was nicht überlebenswichtig ist, außer du hast sehr bewusste Menschen um dich herum, die dir die Wahrheit vermittelt haben. Lösche deine Festplatte und programmiere dich fortan nur noch mit der Wahrheit, mit **deiner Wahrheit.**

2. Mache dich selbst auf den Weg und suche **deine** Wahrheit.

3. Dann lebe dein Leben so, wie **du** es willst und nicht wie es irgendein anderer von dir erwartet.

So, und nicht anders läuft es. Ganz einfach und unkompliziert.

Du sollst lernen auf **dein** Gefühl zu hören und auch dementsprechend danach handeln.

Das ist wirklich das einzige, das du ein wenig üben solltest: Deinem Gefühl zu vertrauen. Wenn du das kannst, geht nie mehr etwas schief. Deine Intuition ist dein Wegweiser.

Wie du deine Eingebungen richtig deuten kannst, das zeige ich dir jetzt.

Das könnte einmal wichtig für dich sein.

Lerne auf dein Gefühl zu hören, dann läuft alles wie geschmiert

Natürlich kenne ich dich nicht und weiß überhaupt nicht inwieweit du dich mit deiner Intuition bis jetzt beschäftigt hast. Ich erkläre es dir trotzdem einmal:

Prinzipiell kommen wir alle mit diesem Bauchgefühl auf die Welt. Kleine Menschen können die ersten paar Lebensjahre sogar noch die geistige Welt sehen. Das wird ihnen aber meist sehr schnell abtrainiert. Die Geschichten von Kleinkindern über ihre unsichtbaren Freunde, Engel oder Feen, werden schnell einmal als "blühende Fantasie" abgetan. So werden nach und nach die übersinnlichen Fähigkeiten irgendwo verschüttet. Es kommt vor, später im Erwachsenenalter, dass sich manch einer wieder daran erinnert und da wieder anknüpft, wo er zwangsläufig aufgehört hat.

Das ist aber eine andere Geschichte. Menschen mit außergewöhnlichen Fähigkeiten (die eigentlich gar nicht außergewöhnlich sind!) wollte ich jetzt nicht ansprechen.

Diese "besonderen" Menschen haben lediglich ein paar Kanäle mehr geöffnet, als andere Leute. Es geht mir vielmehr um dein Bauchgefühl, das dir immer den richtigen Weg weist.

Du kennst doch sicherlich das ungute Gefühl in der Magengegend, wenn du etwas tun sollst, was dir total widerstrebt. Instinktiv weißt du: **Nein**, das sollte ich nicht machen!

Die andere Seite dieses Gefühls, ist das unsägliche Glücksgefühl. Vielleicht hast du dich schon einmal (oder mehrmals) verliebt. Diese Schmetterlinge im Bauch, die dich richtig abheben lassen, kennst du ja dann. Du hast das Gefühl, als könntest du die ganze Welt umarmen! Auch diese Emotion sitzt in der Magen- eigentlich eher in der Bauchgegend.

Als ich davon hörte, man solle auf sein Bauchgefühl hören, dann würde es im Leben viel leichter laufen,fing ich an es zu trainieren. Weißt du, wie ich das gemacht habe?

Immer wenn eine Entscheidung anstand, auch wenn sie nur ganz banal war, spürte ich in mich hinein. Ich versuchte mein Gefühl zu deuten. Dann, im Nachhinein überprüfte ich, ob ich mit meiner Entscheidung richtig lag. Es gibt im Alltag viele Möglichkeiten seine Intuition zu trainieren. Ich habe diese Fähigkeit so weit perfektioniert, dass ich jetzt hellfühlig bin und zu 99 Prozent richtig liege mit meinen Vorhersagen. Freilich, dieses Gefühl hat jeder, es geht lediglich darum, es richtig zu deuten. Da bedarf es nur ein bisschen Übung. Schau, alles, was du neu lernen möchtest, musst du so lange üben, bis es sitzt.

Wenn du deine Intuition wieder auf Vordermann gebracht hast, bist du schon ein kleiner Meister des Lebens. Egal was noch auf dich zukommen wird, du hast deine "Lebensversicherung" immer dabei. Es gibt Situationen, die können auch mal gefährlich werden. Da ist es wirklich von Vorteil, wenn man auf seine innere Stimme hört.

Zum Beispiel willst du abends in eine Discothek gehen, aber dein Gefühl sagt dir eindeutig: **NEIN**! Du gehst aber trotzdem hin, weil es dir egal ist, was du fühlst, und es kommt zu einer Schlägerei und du kriegst mächtig eins auf die Nase. Bis du dich versiehst, sitzt du in der Notaufnahme.

Ich möchte dir mit dem Beispiel keine Angst machen, aber ob du es glaubst oder nicht, ich durfte auch das eine oder andere Mal das Schicksal "spüren", nur weil ich nicht auf mich selbst gehört habe.

Heute, passiert mir das **nie** mehr. **Niemals** würde ich mich **gegen** mein Gefühl entscheiden. Ich weiß meist nicht **warum** ich etwas lassen soll, das ist mir im übrigen völlig egal, ich lasse es einfach. Ich habe einfach keine Lust in eine Katastrophe zu schlittern.

Zu Einladungen gehe ich einfach nicht hin, wenn es sich nicht gut anfühlt. Und: ich erkläre mich auch nicht, also ich rechtfertige mich nicht. Ich suche keinen Grund oder eine Ausrede. Nein, ich sage ab und fertig.

Wenn du das Büchlein liest und noch dazu ein junger Mensch bist, hast du es sowieso **viel** leichter auf dein Gefühl zu hören. Ihr habt weitaus mehr Fähigkeiten bei eurem Eintritt ins Erdenleben mitgebracht, als wir vor 50 Jahren. Das heißt wir Alten können natürlich auch hellsehen und mit der geistigen Welt kommunizieren ec., aber ihr habt es wesentlich leichter, als wir.

Fest steht: noch zu keiner Zeit kamen mehr Kinder mit außerordentliche Fähigkeiten zur Welt, als jetzt. Es gibt Indigo Kinder, Kristallkinder, Kinder die mit ihren Ohren sehen oder durch Wände schauen können, und noch viel viel mehr.

Falls du selbst denkst, du könntest ein bisschen mehr als die anderen, dann informiere dich und traue dich ruhig diese Dinge auch zu leben.

Das Internet kann in solchen Fällen sehr hilfreich sein. Sicherlich kannst du Gleichgesinnte finden um euch zu vernetzen.

Ein Aufruf an die Eltern

Bitte gib das Büchlein deiner Mama oder deinem Papa, sie sollen dieses Kapitel bitte lesen. Ich weiß nicht wie bewusst deine Eltern sind. Klar, wenn bei euch zu Hause Spiritualität im Alltag gelebt wird, dann ist dieses Kapitel wahrscheinlich eher überflüssig. Die Betonung liegt auf "wahrscheinlich"! Das hat einen Grund, den ich gleich anhand meiner Geschichte erläutern werde. Alle anderen Eltern sollten es bitte lesen, es könnte wichtig sein, damit ihr euer Kind besser verstehen lernt. Ich möchte dir (liebe Mutti oder Vati) ein Beispiel aus meinem Leben erzählen:

Eine ehemalige Arbeitskollegin hat einen Sohn, ca. 14 Jahre alt, der "anders" ist. Die Tochter, ein Teenager ist völlig "normal". Mutter und Tochter streiten sich ständig was das Zeug hält, also auch "normal" in der Pubertät... Der Sohn ist ganz anders. Ein lustiger Zeitgenosse, der sehr liebevoll und harmoniesüchtig ist.

Ich sah ihn ab und zu und er fiel mir sofort auf. Irgendwie wusste ich einfach: Der ist nicht "normal"! Die Mutter hat erzählt, als ich sie darauf ansprach, dass er gerne alleine ist und auch viel schreibt. Mehr wusste ich nicht. Irgendwie spürte ich: Den will ich näher kennenlernen. Als ich dann meine Kollegin zu Hause besuchte, war der Sohn auch da. Ich begann mich mit ihm zu unterhalten und dann fragte ich ihn einfach alles, was mir so einfiel. Plötzlich brach sehr viel aus ihm heraus!

Ich bin ihm ja völlig fremd. Nur ein- bis zweimal sahen wir uns am Vorbeigehen und trotzdem herrschte eine Vertrautheit wie unter sehr alten Freunden.

Wenn ich geahnt hätte, was mich an diesem Abend erwartete, hätte ich ganz sicher dieses Gespräch aufgezeichnet.

Dieses Frage - Antwortspiel dauerte ununterbrochen zirka 4 Stunden. Ich fragte ihn etwas und er wusste auf alles eine Antwort. Anschließend war ich platt und noch viel mehr seine Mutter. Sie saß mucksmäuschenstill abseits von uns und weinte zwischendurch immer mal wieder.

Er erzählte mir seine "Reiseerlebnisse". Das müssen Astralreisen sein oder so etwas Ähnliches. Er wusste unwahrscheinlich viel über Energien und was man damit alles machen kann. Er erzählte mir, wie er nach und nach immer mehr Fähigkeiten in sich entdeckte. Auch zeigte er mir, wie man Energien einsetzen kann um, etwas zu verändern. Dann erklärte er mir genau, wie meine Aura aussah. Er beschrieb haarklein die Farben und die Formen. Er erzählte mir von den Engeln, die ihn regelmäßig abholten, um mit ihm an einen anderen Ort zu gehen, um ihm wieder etwas zu zeigen. Dann löste sich auch das Rätsel mit seinen Briefen auf. Er schrieb medial. Das war nur ein kleiner Bruchteil dessen was er mir alles erzählte. Ein kleiner unscheinbarer Junge!!!

Ich war total überwältigt.

Am Ende unseres Gespräches war er von sich selbst sehr überrascht. Er gestand mir, dass er noch nie mit jemanden ein derartiges Gespräch geführt hat. Kein Mensch hat sich bis jetzt für sein Leben interessiert. Klar, seinen Schulfreunden konnte er so etwas nicht erzählen, die waren alle "normal". Was mich allerdings ein wenig wunderte war, dass seine Mutter davon auch nichts wusste. Sie war sehr gerührt und hörte das alles auch zum ersten Mal.

Jetzt komme ich wieder zurück, als ich oben schrieb: "wahrscheinlich" wäre das Kapitel überflüssig zu lesen...

Meine ehemalige Arbeitskollegin ist eine sehr spirituelle Frau. Ihr Wohnzimmer ist mit Diplomen tapeziert. Sie hatte Prüfungen für so ziemlich alles absolviert, was in der spirituellen Szene möglich ist: Sie hatte mehrere Reiki-Ausbildungen, verschiedene Heiler Ausbildungen und noch einiges mehr- ich konnte mir das alles gar nicht merken.

Was ich damit sagen will ist: es ist nicht zwangsläufig so, dass spirituelle Menschen auch eine gute Wahrnehmung haben. Die Mutter verbrachte sehr viel Zeit außer Haus, um ihre Seminare zu besuchen- zu Hause saß ihr Junge der Fähigkeiten hatte, von denen manch Ausbilder nur träumen konnte.

Übrigens als ich den Jungen fragte, woher er denn sein Wissen hätte, antwortete er mir: Er habe das alles von den Engeln gelernt, und dann weiterentwickelt. Er spielt regelrecht mit diesen Energien. Im Laufe der Zeit wurde er immer besser und besser. Die Helferlein aus der geistigen Welt haben ihn Stück für Stück mehr gezeigt.

Eine schöne und vor allen Dingen **wahre** Geschichte.

Liebe Mama oder Papa, es ist mir wichtig dir das zu erzählen, damit du daraus lernen kannst. Vielleicht siehst du in deinem Kind auch nur, das was du sehen willst:

Einen Jungen oder ein Mädchen, das zur Schule geht oder eine Ausbildung macht, sich abends mit Freunden trifft und ansonsten im Zimmer sitzt und Computer spielt.

Führe einmal ein Gespräch mit deinem Kind, wo du auch **richtig** zuhörst. Stelle ihm Fragen. Die Zensuren sind nicht soooo wichtig. Glaub mir das ist nur eine Illusion. Wichtig ist die Schulausbildung überhaupt nicht. Ganz im Gegenteil sogar: Wusstest du, dass Leute, die die Welt veränderten, nur kurz die Schule besuchten? Das ist auch völlig klar: Große Erfinder müssen doch **neue** Dinge erfinden. Wenn sie ewig in der Schule altes Wissen eingetrichtert bekommen, wie sollte da noch Raum sein, um **Neues** zu erfinden? Dieses alte Wissen blockiert.

Schule müsste ganz anders aufgebaut sein:(das wird in nicht allzu ferner Zukunft Realität werden)

Der Mensch ist von Natur aus wissbegierig und sucht sich instinktiv etwas zum Erforschen. Es gibt Kinder, die nie in der Schule waren, die später ganz außergewöhnliche Talente entwickelt haben. Lies dir doch die Geschichte von dem Franzosen André Stern durch. Obwohl seine Eltern selbst Lehrer sind, haben sie ihn völlig alleine die Welt entdecken lassen. Ein toller junger Mann.

Erst dann, wenn der Geist frei ist, können sich wunderbare Talente entwickeln.

Wie die Schule auf der neuen Erde aussehen wird, davon berichte ich dir später, oder vielleicht meldet sich Sandalphon und erzählt dir davon.

Jetzt bin ich ein bisschen abgeschweift: Höre deinem Kind **richtig** zu. Stelle doch mal Fragen, vielleicht so ähnlich wie ich sie dem Sohn meiner Kollegin stellte. Achtung: du musst die Antworten auch aushalten können! Es können Geschichten auf den Tisch kommen, die dir vielleicht so gar nicht gefallen.

Frag doch dein Kind, was es für Träume hat- was es von ganzem Herzen gerne tun möchte. Ich bin mir sicher dir fallen einige Fragen ein.

Ein Thema ist mir besonders wichtig, wenn ich schon die Eltern hier beim Lesen habe:

Wenn euer Kind "anders" ist- dann bitte gebt ihm keine Medikamente, nur damit es wieder "normal" wird!

(**ACHTUNG**! Das war kein Aufruf eigenmächtig, verordnete Arzneimittel abzusetzen, das sollte man nur in Absprache mit einem Arzt machen.)

Ich sage euch etwas: Euer Kind ist vielleicht sogar viel "normaler" als der Rest der Welt. Es ist eine Schande Kinder Tabletten zu geben, nur weil sie ihrer Persönlichkeit Ausdruck verleihen und das den Erwachsenen nicht in den Kram passt.

Geht mit eurem Kind regelmäßig in den Wald. Schaut euch die Natur an. Seid still und lauscht. Lasst euch ganz mit allen euren Sinnen auf die Natur ein. Beobachtet die Tiere, sammelt Pilze oder Beeren und schnuppert die gute Luft. Macht ruhig ein bisschen Tempo, sodass ihr nach 2 Stunden Spaziergang müde aber glücklich zu Hause Kaffee trinken könnt und es euch allen gut geht.

Liebe Eltern, ich weiß was hinter all dem steckt, ich habe die Wahrheit herausgefunden. Deshalb bin ich mir bewusst, warum alles so ist, wie es ist. Ich kann nur an euch appellieren: Kein junger Mensch braucht ein Medikament, wenn er ein Verhalten an den Tag legt, dass nicht in unser Gesellschaftsbild, passt. Wenn ein Kind sich anders verhält, dann muss man nachfragen, warum das so ist.

Der Junge, von dem ich gerade erzählt habe, verbrachte einige Zeit in der Jugendpsychiatrie. Warum war er da? Weil keiner ihm Fragen gestellt und ihm wirklich zugehört hatte, nicht einmal die eigene Mutter. Er bekam auch Medikamente, die ihn wieder "normal" werden lassen sollten.

Liebe Eltern dieser wunderbaren jungen Menschen: Lasst es nicht zu, dass die Gesellschaft aus euren Kindern nur noch leere Hüllen macht. Noch sind die Menschen nicht so weit um diese wunderbaren außergewöhnlichen Menschen, als das zu akzeptieren, was sie sind:

Sie sind etwas ganz Besonderes.

Wenn du dein Kind wirklich liebst, wirst du es bei seinem Entwicklungsprozess unterstützen, und **mit** ihm seinen Weg gehen, den sie oder er gehen möchte.

Wie funktioniert eigentlich unsere Intuition?

Dazu eine kleine Geschichte:

Bevor wir als Menschen auf die Welt kommen, sitzen wir in der Pause immer auf den Wolken, oder woanders im Universum, herum. Pause ist immer zwischen zwei Leben. Da hängen wir ein bisschen ab und "verdauen" sozusagen unser letztes Leben. Wir denken ein bisschen darüber nach, wie denn alles so gelaufen ist, ob wir zufrieden mit dem Erlebten sind oder eher nicht. Wird es wieder richtig langweilig, überlegen wir uns, ob es Spaß machen würde, wieder mal auf die Erde zu kommen. Wir haben wieder Lust auf Neues. Dann holen wir ein paar andere sich langweilenden Seelen dazu, meist sind das alte Bekannte, mit denen wir schon mehrere Runden drehten.

Jetzt wird erst einmal eine Runde geratscht und beraten. Du hast nach dieser Pause wieder richtig Lust ein Leben auf der Erde zu leben. Da du im letzten Leben ein wenig abgeloost und dein Ziel nicht wirklich erreicht hast, möchtest du es noch einmal probieren und sagen wir einmal: "Mitgefühl" lernen.

Deine alten Freunde bekommen alle eine Rolle zugeteilt. Der eine spielt jetzt deine Mutter, dein früherer Onkel wird jetzt dein Vater, deine frühere Schwester wird jetzt deine Frau und so weiter. Alles wird einmal kräftig durchgemischt.

Eine kleine Anmerkung: Solltest du scheinbar ohne Grund ein Problem mit einem anderen Menschen haben, kann die Ursache durchaus in früheren Leben ihren Ursprung haben.

So etwas Ähnliches kennst du bestimmt: Du siehst eine völlig fremde Person, kaum macht diese den Mund auf und schon geht dir der Hut hoch. Deine Alarmglocken schrillen und du spürst: der ist so gar nicht meine Wellenlänge!

Das ist ein typischer Fall, für alte Verletzungen. Wenn man einen Menschen noch gar nicht kennt, weshalb sollte er einem da unsympathisch sein? Freilich, stelle dir mal vor, derjenige hätte dich schon einmal in einem früheren Leben getötet, das wäre doch eine logische Erklärung für deine Wut im Bauch.

Andersherum ist es ganz genauso: Hast du schon einmal einen Menschen getroffen und einzig und alleine ein Blickkontakt hat ausgereicht, um Feuer und Flamme zu sein?

Ich meine jetzt nicht Liebe auf den ersten Blick- also keine partnerschaftliche Liebe, nein, ich denke da an ein sehr tiefes Gefühl der Liebe. Das hat auch etwas mit Erinnerung zu tun. Du siehst jemanden und weißt: Den kenne ich doch. Der ist mir vertraut-du fühlst eine Verbundenheit und diese große Liebe. Ich möchte noch einmal betonen: Das **kann** zwischen Partnern sein **muss** aber nicht.

Mir ist das schon dreimal passiert. Diese Erlebnisse zählen mit zu den schönsten in meinem Leben. Dieses Gefühl kann man nicht beschreiben, das muss man wirklich erleben. Weißt du, wenn ich so etwas mit jemanden erlebe, dann erinnert mich das auch an Zu Hause. Dann erinnere ich mich, wie es da ist, wo ich eigentlich wohne. Ein großes Gefühl der Geborgenheit macht sich dann breit. Es ist einfach nur himmlisch. Ich wünsche dir viele solche Begegnungen, sie werden dich unwahrscheinlich glücklich machen. Diese Treffen sind ein Geschenk des Himmels!

Einmal hat lediglich ein Telefonat mit einem wildfremden jungen Mann ausgereicht, um mich auf die Wolke 7 zu katapultieren! Bis heute, obwohl ich keinen Kontakt mehr zu demjenigen habe, kann ich diese tiefe Verbundenheit fühlen. Auch die anderen 2 Männer habe ich aus den Augen verloren, das ist nicht so schlimm. Diese Bindung bleibt ein Leben lang und darüber hinaus.

Es gibt natürlich unsere Favoriten mit denen wir besonders oft inkarnieren. Die mögen wir halt besonders gerne. Sollte dann in einem Leben so jemand "Besonderes" dieses Mal keine

Hauptrolle spielen, dann taucht dieser uralte Freund vielleicht nur kurz auf. Er schaut sozusagen nur spontan vorbei um Hallo zu sagen- vielleicht um uns Mut zu machen, damit wir durchhalten. Diese Begegnungen geben einem wirklich das Gefühl, dass man nicht alleine ist.

Das kann wirklich jeder x-beliebige Mensch sein. Einige Male hatte ich auch Begegnungen, die nicht ganz so intensiv waren, aber dennoch wunderschön. Ich treffe meist beim Einkaufen solche "alten" Bekannten. Wenn du so jemanden in die Augen schaust, geht es dir durch und durch. Das Herz klopft wie verrückt und du spürst: Uiiii, da ist, jemand den mag ich gaaaaaaaanz gerne!

Ja, ich weiß es klingt verrückt, zu behaupten man mag jemanden sehr gerne, den man noch nie zuvor gesehen hat. Manchmal mag man ja nicht mal Leute, die man sehr gut kennt oder mit denen man sogar verwandt ist! (grins)

Wie gesagt, mit dem "nicht kennen", das stimmt so nicht. Gut, in **diesem** Leben ist uns diese flüchtige Begegnung noch völlig unbekannt, aber wer weiß wie viele Runden wir schon miteinander gedreht haben?

Bei einem Arbeitskollegen ging es mir auch einmal so: Den sah ich das erste Mal und war hin und weg. Bis heute hat sich an dieser tiefen Verbundenheit nichts geändert.

Ich kann selbst nicht in vergangene Leben blicken- das muss ich auch nicht. Bei einer solchen Begegnung, weiß ich einfach, das ist ein alter Freund.

Früher, traf ich auch die anderen- diejenigen mit denen ich in früheren Leben nicht so gute Erfahrungen gemacht hatte. Die saßen meist im Finanzamt, hatten als Richter den Vorsitz wenn ich zu einer Verhandlung geladen war, waren mein Chef oder eine Kollegin von mir. Schön, dass ich heute nur noch die **Freunde** treffen darf, ein Zeichen, dass ich meinen Keller gut ausgemistet habe.(...also negative Gefühle aufgelöst habe...)

Gerade wenn man "anders" ist als die anderen, tut es unwahrscheinlich gut, mal jemanden aus "alten Zeiten" wieder zu treffen.

So ging es sicherlich auch dem Buben meiner Kollegin, als ich zu ihm kam. So konnte er fühlen, er ist nicht ganz alleine so "komisch". Da gibt es auch noch andere "Spinnerte" da Draußen. (sagt man bei uns in Bayern).

Jetzt habe ich noch etwas ganz Wichtiges vergessen:

Dem besagten Jungen, wurde mein Besuch von der geistigen Welt angekündigt! Sie haben ihm gesagt:

Eines Tages käme jemand, der ihn verstehen und auch einiges erklären würde. Als wir unser Gespräch beendeten, hat er mir das erzählt. Er wüsste, dass ich das sei.

Solche Begebenheiten berühren wirklich zutiefst. Wenn wir lernen auf unsere Intuition zu hören, werden wir sanft geführt. Viele schöne Momente mit tollen Begegnungen sind dann möglich, wenn wir uns mal an die Hand nehmen lassen.

So, jetzt aber endlich zurück zu der Erklärung.

Ein Beispiel zur Verdeutlichung:

Vor deiner Geburt hast du dir vorgenommen Mitgefühl zu lernen. Deine Mitspieler sind ausgewählt, jetzt geht es ab auf die Erde. Wenn wir den ersten Schrei brüllen, haben wir vergessen, woher wir eigentlich kommen. Ab diesem Moment denken wir, das Ganze wäre echt. Wir meinen tatsächlich, dieses Spiel, würde völlig real sein.

Ist es aber nicht!

Es ist nur eine Runde von sehr vielen! Auch dieses Leben ist nur eine weitere Erfahrung.

Also nimm das Leben nicht so ernst. Das ist es definitiv nicht!

Ernst schon gar nicht! Das Leben ist schön und lustig. Lebe dein Leben gerne und suche dir die schönsten Dinge aus. Lass alles weg, was keinen Spaß macht.

Mache niemals etwas das langweilig ist oder sich nicht gut anfühlt. Dafür ist das Leben nicht da. Lasse dir auch niemals etwas anderes von jemanden einreden, schon gar nicht von Erwachsenen oder irgendwelchen Uniformträgern. Nein, hau richtig auf den Putz, genieße dein Leben in vollen Zügen. Mach alles, was dir Spaß macht.

Wir gehen durch den Schleier des Vergessens, wenn wir als Baby auf die Welt kommen. Wir erinnern uns nicht mehr, dass wir eigentlich Lichtwesen sind und ohne Zeit und Raum leben. Damit wir aber nicht völlig haltlos durch das Leben geistern, haben wir noch eine Leine, die uns mit unserer Heimat verbindet. So etwas wie eine Leitung nach Drüben.

So jetzt leben wir halt so dahin, völlig unbewusst. Den Seelenplan haben wir natürlich auch vergessen. Du wolltest dieses Mal Mitgefühl lernen, machst aber genau das Gegenteil davon. Dein Leben führst du sagen wir einmal gelinde ausgedrückt: recht rüpelhaft. Die Mitmenschen sind dir völlig egal- Hilfsbereitschaft oder gar Mitgefühl: Fehlanzeige.

Dann wird es Zeit, dass deine Freunde die nicht mit auf die Erde gekommen sind, sondern in der geistigen Welt noch weiterhin wohnen, dir zur Hilfe kommen. Sie kennen deinen Plan und werden dich erinnern, damit du nicht schon wieder eine Runde völlig umsonst drehst.

Sie sprechen immer mit uns, nur wir müssen wieder lernen zuzuhören. Unsere Intuition, also unsere innere Stimme oder unser Baugefühl sind die Schaltzentrale. Da kommen die Botschaften rein. Je nachdem wie geübt jemand ist, kann er das Übermittelte gut deuten oder nicht. Wie vorher schon erwähnt, ist das alles reine Übungssache.

Wenn du schlau bist, wirst du schnell lernen auf dein Gefühl, also deine Freunde in der geistigen Welt, zu hören. Sie werden dir niemals einen schlechten Rat geben. Weshalb auch? Echte Freunde geben einem immer nur **gute** Ratschläge. Dein Leben wird um vieles leichter sein- Probleme Fehlanzeige.

Solltest du das Gegenteil von schlau sein, dann wird es im Laufe der Zeit ein wenig ungemütlich. Da kommt der eine oder andere Schnupfen, ein gebrochenes Bein oder ein Auffahrunfall in das Leben geschneit. Je älter du wirst, umso intensiver werden die Einschläge, klar es bleibt dann ja nicht mehr so viel Lebenszeit, um die Aufgabe zu erfüllen. Vielleicht ist das der Grund warum alte Menschen so oft krank werden... Wer weiß.

Ich für meinen Teil habe **keine** Lust zu leiden. Deshalb habe ich mich für den leichteren Weg entschieden. Ich habe, sobald mir klar wurde wie es läuft, angefangen meine Intuition zu trainieren, um es einfach leichter im Leben zu haben. Auch ich hatte meine Autounfälle und Krankheiten, aber das gehört der Vergangenheit an. Ich höre genau zu, wenn man mir etwas sagt- denn ich habe keine Lust ein Leben voller Sorgen und Krankheiten zu leben. Ich möchte ein schönes und unbeschwertes Leben führen, mit viel Spaß und ganz vielen schönen Momenten.

Das wünsche ich dir auch von ganzem Herzen. Du hast einen entscheidenden Vorteil: Du bist noch jung. Du hast noch das ganze Leben **vor** dir. Nütze die Zeit und lerne ab jetzt zuzuhören, dann ersparst du dir sehr viel Leid in deinem Leben, denn das muss nicht sein.

Achte auf deine Gedanken, sie werden Realität

Wir haben neben unserem Gefühl, das nichts anderes ist als die Verbindung zur geistigen Welt, also unserem wirklichen zu Hause, auch unseren Verstand.

Du erschaffst dir **deine** Welt, so wie du sie wahrnimmst.

Du bist noch Schüler oder erst kürzlich aus dem Bildungssystem ausgestiegen, folglich kennst du dich mit Physik noch besser aus als ich. Alles ist Energie, auch Materie. Dinge die sehr langsam schwingen, kann man sehen und anfassen. Bis dahin ist alles ganz klar und logisch.

Hast du dir schon einmal Gedanken darüber gemacht, welche unendlich große Macht deine Gedanken haben? Es plätschert in deinem Kopf nicht einfach nur so dahin, nein diese Gedanken haben Energie und werden Materie.

Schau mal, sagen wir du gehörst zu der kreativen Spezies, setzt dich hin und entwirfst ein cooles Regal für deine CDs. Es dauert ein paar Stunden, bis du es so aufgezeichnet hast, wie du es dir vorstellst. Dann fährst du in den Baumarkt, kaufst das Holz, Farbe und die Schrauben ein. Jetzt kann es losgehen. Du sägst, hämmerst und streichst mit deiner ganzen Begeisterung. Nach ein paar weiteren Stunden, ist das Regal fertig. Du stellst es an seinen Platz.

Was ist jetzt passiert? "Ähm, das Regal steht neben dem Schrank und ich habe die CDs eingeräumt," wirst du mir entgegnen.

Das ist richtig. **Deine** Gedanken sind Realität geworden. Anfangs war das Regal nur ein Gedanke, dann hat er sich Stück für Stück manifestiert. Unsere gesamte Welt war einmal nur ein Gedanke. Deine Möbel, dein Haus, Auto und Garten sowie deine Klamotten, alles hat sich zuerst ein Mensch ausgedacht und dann alles auf den Weg gebracht, um es Wirklichkeit werden zu lassen.

Sollte in deinem Kopf eher Chaos als Kreativität vorherrschen, dann würde ich vorschlagen räume erst einmal in deinem Oberstübchen auf, damit du Platz hast für etwas ganz Tolles, vielleicht sogar etwas ganz Großem.

Lenke deine Aufmerksamkeit auf etwas das dir wichtig ist. Hast du ein Hobby und möchtest ihm nachgehen oder sogar eine kreative Ader?

Versuche Ordnung in das Durcheinander in deinem Kopf zu bekommen und konzentriere dich auf das, was du gerne möchtest.

Jetzt sind wir nahtlos zur Wunscherfüllung gekommen. Das ist deine wahre Macht, an die ich dich jetzt erinnern möchte. Du kannst dir alles erschaffen was du möchtest- einzig und alleine nur mit der Kraft deiner Gedanken und deinen Gefühlen. Das hört sich an wie Zauberei, ist es aber nicht. Du musst nur die Energiegesetze kennen- und verstehen lernen, dann kannst du alles erreichen, was du möchtest.

Mache dich erst einmal frei, von den ganzen Vorstellungen der Gesellschaft. Drehe ihnen den Rücken zu. Du musst überhaupt nichts machen, was irgendjemand von dir will. Das ist altes Denken und einfach nicht wahr.

Ich möchte mit meinem Büchlein keine Revolution anzetteln, nein ganz sicher nicht. Ich zeige dir nur, dass diese alten Verhaltensmuster verstaubt sind und endlich abgelegt werden müssen. Ich weiß, eure junge Generation wird und wurde schon recht antiautoritär "erzogen". Die Eltern stellen sich heutzutage schon sehr gut auf den Nachwuchs ein, das gab es bei uns noch nicht. Da wurden von den Eltern die Regeln aufgestellt und die hatte man als Kind ohne Diskussion einzuhalten. (Natürlich ging es nie ohne Diskussion...)

Trotzdem, wie man an dem Beispiel mit dem Sohn meiner Kollegin gut erkennen kann, hört sich bei den Erziehern der heutigen Zeit das Verständnis auf, wenn es um die **Zukunft** des Sprösslings geht. Da lassen die wenigsten locker, da sie nur "das Beste" für ihren Zögling wollen. Das war schon zu allen Zeiten so:

Die Alten dachten immer schon sie wüssten was "das Beste" für das Kind sei.

Und auch immer schon wussten es die Alten natürlich **nicht**, was das Beste für die nächste Generation ist...

Du bist ein eigenständiger Mensch. Höchstwahrscheinlich bist du sogar eine alte Seele. Du bist in keinster Weise dümmer oder unerfahrener als deine Eltern oder Lehrer! Nein, vielleicht ganz im Gegenteil: Wer weiß denn schon wie viele Erdenrunden du schon als Seele gedreht hast? Am Ende bist du den ganzen Älteren ein großes Stück voraus und weißt es wirklich viel besser, wie es hier auf Erden funktioniert.

Ganz ehrlich, ich kenne viele junge Menschen und weiß, sie haben einen besonderen Auftrag hier auf der Erde. Sie haben "außergewöhnliche Fähigkeiten" mitgebracht- oftmals schlummern sie noch im Verborgenen und müssen nur wieder geweckt werden. Deshalb dieses Büchlein. Du sollst dich wieder erinnern, wer du eigentlich bist.

´Es wird Zeit dir zu zeigen, beziehungsweise dich zu erinnern, wie du "zaubern" kannst.

Erschaffe dir DEINE Welt

Ich möchte dich an deine wahre Macht und Größe erinnern, falls du noch recht unbedarft durch das Leben spazierst. Solltest du diese Dinge alle schon wissen, beherrschen und auch anwenden, dann freue ich mich für dich. Das ist klasse, dann kannst du jetzt schnell weiterblättern.

Ich beginne wieder mit den geistigen Gesetzen: Alles ist Energie. Ich habe keinerlei Ahnung von Physik- (aber auch nicht von anderen Fächern, die in der Schule gelehrt wurden...)dennoch weiß ich sehr viel, wie man sich die Energiegesetze zu Nutzen machen kann.

Energie schwingt und ist immer in Bewegung. Manche Energien kann man richtig spüren.

Kennst du das? Du gehst in einen Raum mit vielen Menschen, vielleicht bei einer Party, und du hast das Gefühl, du rennst gegen eine Mauer. Es kommt dir alles richtig zäh und dick vor. Man sagt umgangssprachlich auch: Die Luft ist dick. Wenn mehrere Menschen negative Emotionen am "kochen" haben, kann man das spüren. Die Luft knistert so lange, bis es zum Knall kommt. Meist ist hinterher, also nach einem Streit oder schlimmer noch, nach einer Rauferei, die Luft wieder sauber. Die Energie wurde herausgelassen und erst einmal ist wieder Ruhe eingekehrt.

Gefühle sind Energie- sogar mächtige Energie. Wusstest du, dass ein Gefühl weitaus mehr Energie erzeugt als ein Gedanke?

Unsere Gefühle haben eine gewaltige Kraft, die nicht zu unterschätzen ist.

Solltest du dich mit solchen physikalischen Tatsachen noch nicht beschäftigt haben, wird es Zeit, denn dein Leben wird ein völlig anderes sein, wenn du die Lebensgesetze kennst und richtig anwendest.

Du musst nur wissen, wie es geht, dann lebst du ein Leben, wie es schöner nicht sein kann.

Jetzt kommt mein Spruch, ohne den kein Büchlein geschrieben werden kann:

Die Wahrheit ist immer ganz einfach-

ist etwas kompliziert,

dann ist es nicht wahr.

Diesen Leitsatz kannst du immer und überall anwenden:

Wenn dir jemand etwas erzählen möchte du könntest dieses oder jenes erreichen, wenn du nur...

Und dann kommt es:

Du musst erst einmal viel Geld ausgeben, viel Zeit aufbringen, aufwendige Dinge tun und am besten einen Kopfstand machen und mit den Füßen wackeln... (kleiner Scherz am Rande)

Die Wahrheit ist immer einfach, wenn dir jemand etwas anderes erzählt, ist es nicht wahr, dann ist es Blödsinn. Meist will nur jemand mit dir Geld verdienen oder führt etwas Unseriöses im Schilde. Glaube solchen Geschichten nie.

So jetzt aber zu der **Zauberanleitung**.

Wir leben in unterschiedlichen Schwingungsebenen

Es ist nicht so, dass wir alle in einer Welt zusammen leben. Prinzipiell würde es so aussehen, aber die Wahrheit ist, dass wir alle in verschiedenen Ebenen leben, je nach unserem Bewusstseinszustand.

Du kennst das doch sicherlich: Es gibt Tage, da stehst du in der Früh auf, und denkst dir: Besser wäre es, ich würde mich gleich wieder hinlegen. Instinktiv spürst du, dass heute sicherlich nichts reibungslos läuft. Nach dem Absturz vom Marmeladenbrot fiel der mit Wasser gefüllte Zahnputzbecher auf den Boden, die Lieblingshose war noch immer in der Schmutzwäsche und der Bus fuhr natürlich auch vor der Nase weg. Das könnte man dann als eine niedrige Schwingungsebene bezeichnen oder nicht so galant: Ein echt blöder Tag.

Andere Tage dagegen sind von Anfang an herrlich, alles flutscht und sämtliche Ereignisse sind äußerst positiv. Diese Tage schwingen hoch, in denen alles klappt, beziehungsweise **du** bist in einer hohen Bewusstseinsebene, deswegen läuft alles wie geschmiert.

Normal ist aber auch, dass wir täglich x-mal hin und herwechseln. Einmal ganz oben, dann folgt der Absturz und wieder hinauf. Ähnlich einer Achterbahnfahrt, so verläuft unser Leben. Das ist völlig normal.

Die Kunst ist es, zu lernen möglichst oft und lange in der hohen Bewusstseinsebene zu bleiben, denn: Hier ist alles fein. **da** klappt einfach alles. In dieser Ebene ziehen wir das Glück an.

Auf der unteren Ebene dagegen haben wir die sprichwörtliche Pechsträhne und nichts aber auch gar nichts funktioniert. Je mehr wir uns ärgern, umso schlechter wird die Stimmung.

Und: Je schlechter die Stimmung, desto mehr Pech. Das ist ein richtiger Teufelskreis.

GLEICHES ZIEHT GLEICHES AN

Wenn du ein glückliches unbeschwertes Leben führen möchtest, solltest du möglichst viel gute Laune verbreiten. Deine Fröhlichkeit und deine Liebe stecken an und ziehen gute Dinge in dein Leben.

ALLES WAS DU AUSSENDEST KEHRT ZU DIR ZURÜCK

In eine höhere Schwingungsebene kannst du ganz leicht gelangen:

Hab einfach ganz viel Spaß, lache, tanze oder esse etwas Köstliches. Musik kann dich auch sehr schnell in eine hohe Ebene katapultieren. Natürlich nicht zu vergessen ist die Liebe- damit meine ich nicht nur die Liebe zwischen Mann und Frau, sondern ganz besonders auch die Liebe zu der ganzen Welt. Kennst du dieses wunderschöne Gefühl, dass dich schier abheben lässt? Das ist wirklich himmlisch. Wenn du das Glück hast und dich schon einmal richtig verliebt hast, dann weißt du genau von, wovon ich spreche. Die Liebe ist in deinem Herzen. Versuche so oft du kannst, liebevoll zu deinen Mitmenschen zu sein und viel zu lachen, dann wird dein Herz automatisch immer weiter und du kannst dich in diese hohe Schwingung versetzen, wo alles möglich ist.

Noch ein kleiner Tipp:

Sei achtsam, wenn du gefrustet, vielleicht sogar wütend bist. In so einer negativen Energie ziehst du genau solche Menschen und Situationen an.

Solltest du griesgrämig oder gar wütend abends ausgehen, könnte es durchaus sein, dass du unschöne Begegnungen haben wirst.

Genau diese negative Stimmung wird dich zu Menschen führen, die ähnlich als du gelaunt sind. Das könnte unter Umständen etwas "ungesund" für dich sein.

Kennst du auch solche Typen, die egal wo sie sind Ärger "anziehen"? Klar, die haben solch eine Wut im Bauch, dass sie immer da sind, wo Ärger ist, man sagt auch sie provozieren gewissermaßen den Streit.

Es ist wirklich wesentlich schlauer und auch gesünder, nur außer Haus zu gehen, wenn man fröhlich gestimmt ist.

Ansonsten, lieber eine Runde schlafen, bis die Stimmung wieder steigt, dann bist du auf der sicheren Seite.

Alkohol und Drogen steigern nicht dauerhaft die Schwingung

Alkohol und Drogen wurden schon immer von den Menschen konsumiert. Auffällig ist nur, dass zur Zeit, sehr viele bewusstseinsverändernde Substanzen eingeworfen werden. Die Notaufnahmen haben, besonders an den Wochenenden, viel mit den berauschten Erdenbewohnern, zu tun.

Ich habe eine Erklärung dafür, warum viele Menschen in den Rausch flüchten:

Es ist die tiefe Sehnsucht nach zu Hause. Instinktiv spüren die Menschen, dass etwas anders ist, dass sich etwas verändert. Sie fühlen, da Draußen ist irgendetwas los, können es aber nicht einordnen oder nicht damit umgehen.

Wer sein Herz für die Liebe noch nicht geöffnet hat, wünscht sich sehnlichst dieses Gefühl herbei.
Bewusstseinsverändernde Substanzen können einem diesen Zustand der Leichtigkeit fühlen lassen.

Der Nachteil ist nur: Der Absturz ist sicher und die Nachwehen äußerst unangenehm.

Noch unangenehmer ist, dass sich relativ schnell ein Suchtverhalten einschleichen kann, dann hat man ein Problem. Eine Sucht wieder loszuwerden, ist wirklich kein Spaß.

Klar, man fühlt sich ein paar Stunden wie auf Wolke 7, völlig unbeschwert, das ist toll. Aber leider nur für kurze Zeit und anschließend kommt der Kater und man fühlt sich besonders schlecht.

Glaub mir ich kenne das Gefühl das ein Rausch erzeugt, ausgelöst durch alkoholische Getränke.

Ich kenne jetzt aber auch, wie es ist, fast ständig in den hohen Schwingungsebenen zu sein.

Vorteil ist: Es gibt keinen Absturz. Gut, natürlich bleibt man nicht immer auf seiner Wolke 7 sitzen. Es geht immer rauf und runter, das ist völlig normal, solange man ein "normales" Leben führt. Schon aufgrund der äußeren Einflüsse kann man nicht **immer** ganz oben schweben.

Ich kann dir nur soviel sagen: Es fühlt sich wirklich toll an, wenn die Schwingung steigt. Da ist ein Rausch dagegen gar nichts!

Wenn man eine höhere Ebene erreicht hat, ist es wie im Himmel. Alles ist ganz leicht und fein. Es geht einem alles ganz leicht von der Hand. Nichts ist ein Problem. Schwierigkeiten oder Ärger: Fehlanzeigen. So etwas gibt es in einer höheren Frequenz einfach nicht. Da gibt es auch keine Idioten. (das musste jetzt einfach sein. (zwinker))

Die Wahrnehmung ist total verändert. Man nimmt nur noch die angenehmen Dinge wahr. Ich sehe dann nichts mehr was nicht schön oder unangenehm ist. Wenn mein Mann zum

Beispiel sagt: "Die Bauern haben schon wieder geodelt, es stinkt", habe ich es nicht einmal bemerkt.

Interessant ist auch, dass Schmerzen verschwinden, wenn man "oben" ist.

Geht es wieder auf Talfahrt, kommen die Schmerzen wieder... (Ein guter Antriebsmotor um möglichst oft und lange in den höheren Ebenen zu verweilen)

Ich möchte dir jetzt noch einen tollen Trick verraten, wie du blitzschnell in eine höhere Ebene wechseln kannst:

Du richtest deine Aufmerksamkeit auf dein Kronen Chakra, das ist alles.

Es ist hell lilafarben und befindet sich über deinem Kopf.

Das ist die Verbindung zur geistigen Welt.

Du brauchst kein großes Brimborium zu machen, sondern nur an dieses Kronen Chakra zu denken, also die Aufmerksamkeit darauf lenken, und schon bist du mit unseren Freunden verbunden. Du kannst dir im Internet oder in einem Buch ansehen wie die Chakren angeordnet sind, wenn dich das Thema näher interessiert.

Es hilft dir nicht nur die Schwingung zu erhöhen, sondern diese Technik kann dir auch bei Problemlösungen aller Art helfen. Denke an dein Kronen Chakra und du wirst umgehend eine Lösung serviert bekommen. Ich mache das in allen Lebenslagen. Wenn irgendeine Technik versagt, ein

Gurkenglas nicht aufgeht oder ich wieder einmal etwas verlegt habe und nicht finden kann: Ruck zuck ist die Lösung parat, und das Gesuchte gefunden. Wobei ich meistens, wenn ich etwas verlegt habe und das kommt ständig vor, den Heiligen Antonius bitte mir behilflich zu sein. Der ist sehr zuverlässig und findet immer alles. Ich mag ihn sehr und wäre ohne ihn völlig aufgeschmissen.

Weißt du, das ist auch so eine uralte Lüge, die uns eingeimpft wurde: Gott ist Allmächtig und sitzt irgendwo ganz weit oben und richtet über uns...

Ich sehe das ganz locker, mein Kontakt zur geistigen Welt des Lichts ist sehr freundschaftlich, liebevoll und vor allen Dingen humorvoll. Wenn die Menschen nur annähernd so viel Humor hätten, wie die Engel, dann wäre es viel lustiger hier. Ich unterhalte mich ganz normal mit den Engeln und Geist Führern. Ich bin weder ehrfürchtig noch unterwürfig. Wenn ich im Alltag Hilfe brauche, bitte ich darum und ich weiß, dass sofort Hilfe kommt. Da ist wirklich Verlass darauf.

Du darfst nie vergessen: Die geistige Welt des Lichts, darf ungebeten nicht eingreifen. Wenn du ihnen eine Bitte sendest, dann dürfen sie helfen, was sie immer sehr gerne tun.

Die Menschen machen sich unnötig das Leben schwer, sie denken alles müsse immer kompliziert sein. Das ist nicht wahr. Es ist alles ganz leicht, nur **wir** machen es uns unnötig schwer.

Wenn du einen Kontakt mit den geistigen Freunden haben möchtest, dann spreche mit ihnen genauso, als ob du mit jemanden in der sichtbaren Welt sprechen würdest.

Wende dich immer an die geistige Welt **des Lichts**, nicht dass du aus Versehen bei der Dunkelseite herauskommst, das wäre nicht so lustig! (grins)

Um sicherzugehen, dass du in der richtigen Ebene landest, formulierst du folgendes:

"Ich gehe in Resonanz zur bedingungslosen höheren Liebe."

Das ist die höchste Schwingungsebene- somit bist du vor den Dunklen geschützt.

Übrigens apropos "Dunkle" wenn du Drogen nimmst oder Alkohol trinkst, wird deine Aura durchlässig und Wesenheiten können sich an dich anhängen.

Gerade bei süchtigen Menschen hängen sich gerne verstorbene Seelen in deren Aura, um ihre Sucht noch weiter befriedigen zu können. Sie können es selbst ja nicht mehr, mangels Körper!

Das ist nicht schlimm, fast alle Menschen haben Besetzungen, die meisten sogar viele. Du musst jetzt keine Angst haben, weil das Wort: Besetzung, sich schräg anhört. Diese arme Seelen sind meistens sehr friedlich, aber sie kosten uns Energie wenn sie andocken und verstärken die Sucht. Es gibt Menschen, die können behilflich sein um solche Anhaftungen wieder lösen.

Du kannst sie auch selbst wieder wegschicken, falls du den Verdacht hast, es würde etwas an dir dranhängen.

Stelle eine Lichtsäule auf (in Gedanken) und bitte den ungebetenen Gast er möge doch in diese Säule gehen. Bitte einen Engel diese Seele abzuholen und dorthin zu geleiten, wo derjenige hin soll. So einfach ist das. Weißt du, manchmal sind Menschen, die plötzlich sterben, vielleicht durch einen Unfall, oder die vor dem Tod noch ein Trauma erleben mussten, nach dem Tod orientierungslos und geistern noch ein bisschen herum. Sie wissen nicht recht wohin und gehen dann auf Suche nach einem Zuhause. Sie suchen sich dann gerne einen "ähnlichen" Menschen aus, bei dem sie zur Untermiete wohnen können.

Insbesondere die Süchte ziehen anscheinend solche Geister magisch an. Also noch ein weiterer Grund, nicht zu trinken und Finger weg von anderen Drogen, dann hast du auch ziemlich sicher Ruhe vor solchen Anhängseln.

Nicht nur wir Menschen sind in der Lage unsere Schwingung anzuheben, nein auch unsere Erde.

Die Schwingung der Erde steigt an

Die Erde ist auch ein Lebewesen und hat Bewusstsein. Ihre Schwingungsfrequenz steigt seit Jahren an, seit einem Jahr sogar sehr stark. Diese Energieerhöhung spüren wir Menschen, aber auch die Tiere sehr stark.

Du als sehr junger Mensch wirst diesen Anstieg nicht oder fast nicht wahrnehmen. Deine körperliche und seelische Konstitution ist schon auf die neue Frequenz ausgerichtet. Bei mir, als alte Schachtel, kann es schon einmal kräftig zwicken. Unsere alten Körper müssen neu kalibriert werden, um die hohe Schwingung auszuhalten. Wir werden immer lichter. Unsere Körper werden immer jünger. Das gesamte Zellsystem verändert sich. Zellen sterben regelmäßig ab und werden wieder neu gebildet. Durch die veränderten Energien, bilden sich neue gesunde Zellen, damit unsere Körper ewig weiterleben. Der Tod ist auch nur eine Illusion. Es wurde uns erzählt, wir würden altern und dann sterben, und so machen wir das auch brav. (zwinker) Das muss nicht sein und in der neuen Zeit, wird niemand mehr sein Erdenkleid ausziehen, wenn er es nicht ausdrücklich will.

Was ich dir jetzt erzähle, ist kein Märchen. Als ich das erste Mal von einer wildfremden Frau hörte, dass die Erde in eine höhere Dimension aufsteigt, musste ich mich erst einmal hinsetzen. Das hatte mich wirklich ein bisschen schockiert, aber nicht lange, instinktiv wusste ich damals schon, dass die Frau mir keine Lügengeschichten erzählt hat. Mein Verstand, klar der lief Amok, aber mein Herz wusste: Das ist die Wahrheit.

Das ist die Lösung, nach der ich schon sooooo lange gesucht hatte.

Als ich noch ganz jung war, vielleicht so jung wie du jetzt, hatte ich immer das Gefühl, da stimme irgendetwas nicht. Das Leben ist nicht echt oder wahr, da wird was manipuliert oder etwas verschwiegen.

Dann kam diese Frau und erzählte mir etwas von einer neuen Erde und das war der Aha-Effekt. Jetzt hatte ich wirklich die Antwort. **DAS** war es, wonach ich so lange suchte.

Klar, unser Leben geht nicht einfach so weiter: nein, es wird sich bald komplett ändern! Das ist echt krass!

Stelle dir jemanden wie mich vor, mitten im Leben, mit einer gewissen Lebensplanung und plötzlich: Alles ist anders, nichts wird jemals wieder so sein, wie es einmal war!

Diese Nachricht war für mich echt toll! Das Leben so wie ich es kannte und wie es heute auch **noch** ist, war für mich nicht akzeptabel. Nein, das ist nicht richtig erklärt: Mein Leben ist wunderschön! Es könnte nicht schöner sein! Es gibt an meinem Dasein nichts auszusetzen. Alles ist perfekt.

Du wirst dir sicherlich denken: Klar die Paula sitzt in ihrer Villa am Starnberger See mit einem Gärtner, einer Reinigungskraft, einem Butler und einem Rolls-Royce in der Garage...

Nein, das kommt nicht ganz hin! (grins) Mein "glücklich sein", hängt einzig und alleine mit meinem Bewusstsein zusammen. Ist ja keine Kunst, ich habe jahrzehntelang Zeit gehabt zu üben. Ich lernte, dass ich selbst für mein Glück verantwortlich bin. So habe ich versucht liebevoll zu meinen Mitmenschen und der Natur zu sein. Meine Freunde die Tiere esse ich natürlich nicht auf, das ist klar.

Nachdem alles zurückkommt, was man aussendet, habe ich jetzt ein schönes Leben. Das war früher nicht so.

Also: Alles reine Übungssache!

Nocheinmal zurück zu dem inakzeptablen Leben: **Mein** Leben ist perfekt, **nicht** perfekt ist das Leben, wie es sich auf dem Erdball zeigt. Keine Angst, ich mache hier keine Aufzählung, was mir alles nicht gefällt- es ist leider sehr wenig, was noch richtig läuft, so wie es sein sollte.

Das Problem ist, der Mensch ist unbewusst und sieht sich getrennt von dem Rest der Welt.

Alles ist mit allem verbunden.

Alles hat eine Auswirkung.

Wir Menschen, die Tiere, die Natur und die Mineralienwelt sind eng miteinander verbunden. Eines ist klar, den allermeisten Schaden richtet der Mensch an, nicht die Tiere.

Die Zeit der Dualität geht dem Ende zu, wir gehen in eine völlig neue Zeit. Davon möchte ich dir ein bisschen erzählen, damit du in etwa weißt, was dich erwartet.

Der Dimensionwechsel

Jetzt aktuell leben wir in der 3. Dimension. Manche sagen, wir wären schon in der 4. Dimension. Beweise dafür habe ich nicht.

Die Erde mit uns Menschen, Tieren und dem ganzen Rest, steigen auf in die 5. Dimension.

Was heißt das?

Wir leben jetzt in einem Zeitalter, das vom Verstand geprägt ist. Jetzt ist das Ende der finsteren Zeit. Wir sind am Beginn des Wassermannzeitalters. Jetzt wird alles wieder gut.

Wir werden schon einige Jahre auf die hohen Schwingungen vorbereitet. Langsam aber stetig werden die Frequenzen angepasst, wahrscheinlich deswegen, damit für unsere Körper der Übergang nicht so krass ist.

In der höheren Ebene werden wir wieder liebevolle und mitfühlende Menschen sein. Vorbei wird die Zeit der Kämpfe und Kriege sein.

Die Menschen mit hohem Bewusstsein werden die neue Erde bevölkern. Es erwartet uns alle ein schönes und sorgenfreies Leben.

Ich erzähle dir gleich mehr vom Leben auf der neuen Erde.

Es gibt noch ein paar ursprüngliche Völker auf der Erde. Sie leben fernab jeglicher Zivilisation. Diese Menschen haben noch Fähigkeiten, die wir schon lange nicht mehr haben. Sie berichten wie dieser Dimension-wechsel aussehen wird. Woher sie das wissen?

Ganz einfach: Sie haben dieses Wissen von Generation zu Generation weitergegeben.

Eines Tages stehst du morgens auf und stellst fest: Heute ist irgendetwas anders als sonst. Allerdings nicht so, wie an den Tagen, an denen alles schiefläuft!!!

Nein, ich meine wirklich **ganz** anders. Du wirst Farben sehen, die du vorher noch nie gesehen hast, und komische Formen an den Wänden. So ähnlich, als ob du irgendeinen Virus auf deinem Computer hast und der nur noch eigenartige Bilder auf dem Schirm anzeigt.

Du wirst dich auch ein wenig schwindelig fühlen. Draußen wird es dunkel sein, nicht ganz dunkel wie in der Nacht, eher so, als ob es eine Sonnenfinsternis geben würde.

Hast du schon einmal eine Sonnenfinsternis miterlebt? Da ist es nicht völlig dunkel, eher dämmrig. Das lässt sich schwer beschreiben.

Wenn du solche "komischen" Dinge feststellst, dann bleibst du wo du bist. Gehe nicht hinaus, lasse die Rollläden herunter oder ziehe die Vorhänge zu und schaue nicht hinaus.

Vor allen Dingen: Hab keine Angst! Das ist das Allerwichtigste!

Deswegen sollst du im Haus bleiben und nicht hinausschauen, damit du keine Angst bekommst.

Wenn es wieder hell wird, es heißt nach 3 Tagen, kannst du wieder hinausgehen. Diese 3 Tage, sind nicht in Stein gemeißelt. Die Zeit, wie wir sie kennen, wird sich kurzzeitig auflösen. Versuche auf alle Fälle ruhig und gelassen zu bleiben und geduldig abzuwarten. Alles wird gut. Falls du mit anderen Menschen in diesem Moment zusammen bist, versuche auf sie beruhigend einzuwirken.

Macht es euch gemütlich, esst etwas, spielt eine Runde Karten und wartet ab.

In diesem Zusammenhang wäre noch zu erwähnen: Bevorrate dich für ein paar Tage mit genügend Lebensmittel, besser noch für eine oder zwei Wochen. Es wartet sich viel entspannter mit vollem Bauch.

Denke neben einem Vorrat an Lebensmittel auch an Wasser, Kerzen und Streichhölzer, und einer Möglichkeit zu heizen, falls wir in die kalte Jahreszeit hinein kommen. Du kannst davon ausgehen, dass ganz sicher der Strom ausfällt. Davon abgesehen, ist es nie falsch sich ein bisschen mit Lebensmitteln zu bevorraten. Wir können nicht davon ausgehen, dass der Strom **immer** aus der Steckdose kommt, und die Supermarktregale **immer** gefüllt sind.

Es wird einige Zeit dauern, bis du dich zurechtfinden wirst. Klar, das ist völliges Neuland, das du betrittst. Die Gegend will erkundet werden- vieles gibt es zu entdecken.

Eine völlig neue Zeit beginnt. Du kannst dich darauf freuen, wir leben in einer ganz besonderen Epoche.

Zu diesem Ereignis möchten viele Seelen auf die Erde kommen, sie sollen regelrecht Schlange stehen, um **jetzt** zu inkarnieren. Du und ich können von Glück sagen, dass wir noch einen Platz bekommen haben. (Vielleicht haben wir uns auch vorgedrängelt... wer weiß das schon.)

Die neue Erde ist schon da

Ich erzähle dir gleich ein bisschen was von der **neuen** Erde. Du wirst dich vielleicht fragen, was denn dann mit der **alten** Erde passiert? Explodiert sie, löst sie sich in Luft auf oder was passiert denn eigentlich am Tag x?

Die Überschrift bei diesem Kapitel ist richtig: Sie ist tatsächlich schon da, die neue Erde, auf der wir dann leben werden. Die alte ist ja auch noch da.

Jetzt leben wir noch in der 3. Dimension, die 5. Dimension existiert zeitgleich in diesem Moment. Dimensionen existieren parallel. Es gibt noch viel höhere Dimensionsebenen, die für uns Menschen aber nicht erreichbar sind.

Wenn wir aufsteigen, dann wird die Erde in der 3. Dimension noch weiter bestehen bleiben und mit ihr die Menschen die in dieser tiefen Schwingung weiter leben wollen. Es werden nur bewusste Erdlinge mit auf die neue Erde umziehen, die unbewussten bleiben zurück. Sie werden ganz normal weiterleben und ihre Erfahrungen sammeln. Zu erwarten ist allerdings ein großer Reinigungsprozess der Erde auf der wir jetzt leben. Unendlich viel hat der Mensch Mutter Erde angetan, das wird natürlich Konsequenzen haben. Du weißt ja: Alles, was du aussendest kommt zurück.

Es wird in nächster Zeit sehr viele Unruhen und sogenannte Brennpunkte auf der Welt geben. Es wird mächtig krachen. Lasse dir egal was in der Welt passiert, niemals Angst machen!

Genau aus diesem Grund schreibe ich das Büchlein, damit du weißt was alles kommen kann, damit du keine Angst bekommst.

Wenn du diese Zeilen liest, ist die Wahrscheinlichkeit recht hoch, dass du künftig auch auf der neuen Erde leben wirst, sonst würdest du das Buch gar nicht in Händen halten.

Weißt du, es gibt noch immer genügend Menschen, die ihre Erfahrungen in der Dualität machen möchten. Sie haben sich noch ein paar Sachen vorgenommen und die wollen sie auch noch lernen. Sie haben kein Interesse auf Friede, Freude, Eierkuchen. Sie möchten noch einiges erleben, aber auch vieles überwinden. Dafür ist die Erde weiterhin ihr Schulungsplanet.

Darum sei nicht besorgt oder traurig, wenn jemand in deinem engeren Beziehungskreis noch nicht mit dir "umzieht". Wir sehen uns alle wieder. Es ist nur eine Frage der Zeit, dann sind wir alle wieder zusammen. Trennung ist auch nur eine Illusion.

Ich möchte dir noch erklären, warum ich weiß wie es auf der neuen Erde aussieht.

Weißt du was? Ich war schon ein paar Mal da. Die Schwingung ist viel viel höher als auf unserem Planeten jetzt.

Es ist ganz einfach: Ich habe meine Schwingung erhöht und bin mal ein Stückchen "hinübergereist". Lange kann man leider noch nicht bleiben, wegen der Schwingung, aber ein kurzer Aufenthalt ist möglich.

Ein bisschen möchte ich noch ausholen, damit du besser verstehst: Als ich mich auf die Suche nach der Wahrheit begab, fand ich eine Möglichkeit mein Bewusstsein, aber auch gleichzeitig meine Schwingung anzuheben.

Ich habe mein Herz geöffnet, das katapultiert einem automatisch in höhere Sphären. Das ist keine Zauberei, das hat ganz einfach etwas mit Energie zu tun.

Nach und nach kamen ein paar weitere Fähigkeiten hinzu:

Plötzlich konnte ich mit den Händen heilen. Das heißt, so ganz plötzlich war das nicht, vielleicht war das seit Geburt schon möglich, nur wusste ich es nicht. Es hat mir nur keiner gesagt.

Eines Tages kamen die Durchsagen aus der geistigen Welt- es hieß, ich solle künftig die Botschaften aufschreiben. Ich solle Mittler sein zwischen den Welten, um den Menschen in diesen aufregenden Zeiten behilflich zu sein.

Das ist wirklich eine tolle Aufgabe. Die geistige Welt des Lichts, hat natürlich einen größeren Überblick über unser Leben, da sie nicht an Raum und Zeit gebunden sind. Wir in unserem irdischen Leben sind da vergleichsweise eher kurzsichtig. Uns fehlt einfach der große Überblick. Darum ist es wirklich sehr hilfreich eine gute Anbindung an die geistige Sphären zu haben um ihre Ratschläge anzuhören und umzusetzen, wenn wir das wollen. Ich schreibe einfach alles auf, was sie mir sagen, damit es dir oder einem anderen Menschen helfen kann ein leichteres Leben zu führen.

Meine Freunde aus der geistigen Welt haben mir schon ein bisschen etwas gezeigt, das möchte ich dir jetzt erzählen, damit du dich, auf dein neues Leben, freuen kannst.

Sandalphon erzählt dir von der neuen Erde

Ehrlich gesagt hatte ich das nicht erwartet: Erzengel Sandalphon hat sich jetzt plötzlich gemeldet und möchte dir selbst von der neuen Erde berichten. Das berührt mich sehr. Ein wunderbares Geschenk. Ich bin selbst mächtig gespannt. Dann gehe ich jetzt einen Schritt zur Seite und lasse meinen Freund erzählen:

Lausche mit deinem Herzen, dann kannst du alles verstehen...

Hallo, aus den geistigen Reichen, wieder ist Zeit bei euch vergangen- wir in der geistigen Welt haben keine Zeit... Wieder haben die Energien des Aufstiegs sehr stark zugenommen. Die letzten Tage waren äußerst anstrengend für euch. Viele haben starke Schmerzen oder gar Krankheiten. Ihr müsst gut auf euch achten. Seid immer in der Schwingung der Liebe, dann geht es euch gut. Achtet auf eure Körper. Ihr müsst jetzt besonders auf eure Ernährung achten. Esst nur noch Früchte die frisch sind und in eurer Wohngegend heimisch sind. Ihr solltet auch nichts essen, was gespritzt worden ist. Trinkt gutes Wasser, verzichtet auf Genussmittel. Bewegt euch viel in der Natur, das tut euch gut. Wenn ihr gerne schwimmt oder im Wald laufen wollt, dann tut das, es ist gut für euch.

Die neue Erde ist ein Ort der Liebe, des Friedens und der Freude, es ist das Paradies auf Erden. Alles wird euch möglich sein, an diesem himmlischen Ort. Es gibt dort Heilgärten. Du musst nicht mehr in ein Krankenhaus gehen, sondern nur durch einen dieser Heilgärten und wirst nach dem Durchwandern wieder gesund.

Du kannst dich freuen: Es gibt keine Schulen mehr. Natürlich werden die Kinder auch für das Leben lernen, aber nicht mehr mit Zensuren, und mit einem

Lehrer der den Kindern den Stoff vorkaut. Die Kinder können die Welt erforschen und ihre Talente entdecken. Auf der neuen Erde gibt es riesengroße Häuser mit vielen tollen Werkzeugen und Materialien um zu basteln, forschen und entdecken. Ein richtiges Spiel- und Forschungshaus mit allem was das Herz begehrt.

Diese, wie ihr sie in eurer Welt Schulhäuser nennt, sind umgeben mit einem riesigen Garten, oder besser gesagt Urwald. Die Kinder können beliebig hinausgehen und die Pflanzenwelt erforschen. Sie lernen etwas über die Heilwirkung von Pflanzen und über die Ernährung.

Die Kinder kommen freiwillig in diese Gebäude. Es gibt keine Pflicht mehr. Keiner muss eine gewisse Zeit in der Schule sein. Jeder darf kommen, wenn er will. Es gibt auch keine Zensuren. Den Kindern macht es so einen Spaß die Welt zu entdecken und zu erforschen, dass sie freiwillig jeden Tag kommen. Sie singen und musizieren, malen, basteln oder arbeiten an Erfindungen.

Durch die hohe Energie ist alles möglich. Alle Menschen haben telepathische Eigenschaften und können jederzeit alles manifestieren.

Ja du hast richtig gelesen: Jederzeit alles manifestieren!

Das wäre für euch ein Traum, auf Knopfdruck ein Traumhaus, Auto oder viel Geld zu erschaffen. Für die Bewohner auf der neuen Erde ist das nicht mehr wichtig. Es gibt keinen Mangel mehr. Keinem mangelt es an etwas. Jeder hat alles, was er braucht oder was er sich wünscht. Da lässt das Verlangen nach "Reichtum" sehr schnell nach, weil es bedeutungslos und langweilig wird.

Ein großes Auto oder Haus- solcher Luxus ist immer nur in den niedrigen Schwingungsebenen von Bedeutung. Auf einer hohen Bewusstseinsebene sind materielle Güter völlig bedeutungslos. Es ist keiner mehr da, der einem Bewunderung schenken würde, für einen schicken Schlitten. Es gibt ja auch keinen Konkurrenzkampf. Jeder ist gleich. Keiner ist besser oder schlechter.

Ja und noch eine gute Nachricht: Natürlich gibt es auch niemanden mehr, der euch etwas zu sagen hat. Ihr wisst, dann selbst was richtig ist und was nicht. Es gibt keine Polizei mehr, keine Ämter und keine Politiker mehr.

Wenn der Mensch liebevoll ist und aus seinem Herzen lebt, dann ist er einfach gut. Er wird keinem anderen etwas stehlen oder ihm etwas Böses antun wollen. Folglich braucht ihr keine Zäune mehr und die Haustüren müsst ihr auch nicht mehr abschließen.

Wenn etwas unklar ist oder Unstimmigkeiten auftauchen, dann geht ihr zu den alten Menschen und bittet sie um Rat. Sie haben Erfahrung und helfen bei der Entscheidung was zu tun ist. Alte Menschen, schauen auf der neuen Erde nicht mehr zwangsläufig alt aus, weil jeder sein Aussehen selbst bestimmen kann.

Ihr müsst auch nicht mehr sterben, ihr könnt immer in euren Körpern leben, solange ihr das wollt.

Natürlich könnt ihr auch euer irdisches Kleid ablegen und wieder in die geistigen Reiche zu uns zurückkehren. Ihr könnt euch freuen, auf der neuen Erde trefft ihr wieder eure verstorbenen Freunde oder Verwandten. Hier ist der Platz sich wiederzuvereinigen. Wusstet ihr, dass die Erde in Wahrheit hohl ist? Hier wohnen Menschen, die kurz vor dem Niedergang der hohen Zivilisation in die Erde geflüchtet sind. Sie haben eine sehr hohe Schwingung und warteten ab, bis sie wieder auf der Erde leben können. Sie sind schon auf der neuen Erde und erwarten euch bereits. Es sind eure alten Freunde, ihr werdet euch bei eurem Wiedersehen freuen. Damals, als die Menschen völlig unbewusst lebten, und im Begriff waren die Erde zu zerstören, gingen ein Teil in die Erde, um die Energie zu halten. Jetzt ist die Zeit der Wiedervereinigung da. So unendlich viel Zeit ist verstrichen. Es gibt Menschen, die können auch jetzt schon IN die Erde gehen, da sie eine sehr hohe Schwingung haben, aber das sind nur wenige. Wenn ihr wieder aufgestiegen seid, könnt ihr alle wieder zusammen leben. Ihr könnt sehr viel von euren

Freunden lernen, sie haben viele Fähigkeiten entwickelt, die sie euch zeigen werden. Teleportation zum Beispiel. Ihr müsst nicht mehr in Autos oder Flugzeugen reisen, nein ihr könnt euch an einen beliebigen Ort "wünschen". Erklären kann ich das euch nicht, weil ihr das jetzt noch nicht verstehen werdet.

Auf der neuen Erde herrscht die reine höhere Liebe, sie ist bedingungslos. Es können nur Wesen mit einem offenen Herzen hier leben. Anderen ist der Zugang verwehrt. Das hat etwas mit Bewusstseinsebenen zu tun.

Liebe ist die höchste Energie, die ihr jetzt zur Verfügung habt. Dann werdet ihr noch viel höhere Energieformen leben können, das ist für euer menschliches Gehirn noch unvorstellbar. Es gibt keine Grenzen mehr, da euer Verstand keine mehr setzt. Alles könnt ihr jederzeit tun, was immer ihr möchtet.

Es gibt noch Häuser, aber nicht mehr so wie ihr sie bisher gebaut habt. Die Behausungen sind wunderschön mit Naturmaterialien gebaut. Es gibt Pflanzen, die ihr noch nicht kennt, die nur hier wachsen. Aus diesen Stoffen werden die Häuser gebaut. Alles ist farbenfroh. Die Räume sind alle lichtdurchflutet und haben eine wundervolle Wohlfühlatmosphäre. Die Möbel sind natürlich auch aus Stoffen aus der Natur, so ähnlich wie ihr euer Holz verwendet. Alle Wohnungen sind gemütlich und offen. Keiner muss sich mehr einbunkern. Keine Zäune und keine Verriegelungen mehr, das gibt es nur bei euch. Ihr habt immer Angst, es könnte euch jemand etwas wegnehmen. Das ist altes 3D-Denken. Hier nimmt niemand etwas weg, im Gegenteil: Alles wird geteilt. Es gibt keinen Besitz mehr. Keiner kauft ein Gebäude und verkauft es wieder. Das wäre auch unsinnig, da es kein Geld mehr gibt. Wenn junge Menschen zusammen ein Haus oder eine Wohnung bewohnen möchten, dann gehen sie auf Suche und wenn sie ein leeres Gebäude gefunden haben, dann ziehen sie einfach ein. Sie gestalten das Haus so, wie sie es gerne möchten und wenn sie keine Lust mehr haben da zu wohnen, gehen sie einfach woanders hin.

Hier leben nur sehr bewusste Menschen, keiner hinterlässt eine Ruine oder Schmutz, nein im Gegenteil die Häuser werden immer schöner und wertvoller je mehr Menschen darin gewohnt haben. Jeder Bewohner schmückt die Häuser oder baut etwas an oder um. Das ist sehr schön. Ihr würdet Tränen in den Augen haben, wenn ihr diese wunderschönen Gebäude sehen würdet. Manchmal stehen sie in der Erde, so etwas kennt ihr von den Erdhäusern. Die Anwesen sind alle rund, keine Ecken, das ist viel gemütlicher. Es gibt keinen klassischen Garten mehr, der von einem Zaun begrenzt ist. Es gibt natürlich auch keine Grundstücke mehr, die man kauft. Die ganze Erde, also die Fläche gehört allen Bewohnern. Wenn jemand sagt: Da möchte ich etwas anbauen oder eine Hütte aufstellen dann kann er das tun. Er muss niemanden fragen. Er macht es einfach. Wer etwas bauen will, braucht auch keinen Plan oder einen Architekten. Natürlich muss man auch niemanden fragen, ob man das darf. Es gibt sowieso keine Ämter mehr. Jeder kann sich frei entfalten und baut, wie er es möchte. Es gibt keine Probleme mit

Abstandsregelungen ec., die Menschen sind liebevoll und würden niemals etwas tun, was einen anderen schaden könnte. Keiner würde auf die Idee kommen und ein 20 Meter hohes Haus einen Meter neben einem anderen Haus zu bauen, sodass der Nachbar kein Licht mehr in seinem Haus hätte.

Wisst ihr, wenn eure Herzen wieder vollständig geöffnet sind, werden solche Kapriolen längst Geschichte sein. Jetzt braucht ihr immer jemanden der euch sagt, was ihr tun sollt, oder was ihr zu unterlassen habt. Auf der neuen Erde gibt es keine Kontrollorgane.

Anfangs, zur Übergangszeit, bis sich alle zurechtgefunden haben, werdet ihr viel von euren Freunden aus der inneren Erde lernen können. Sie sind sehr bewusst und werden euch zeigen, wie es geht. Sie sind aber keine Polizei oder Beamte, nein sie sind eure Freunde und helfen euch.

Auch gibt es keine Eheschließung mehr. Wenn zwei Menschen zusammen sein möchten, dann tun sie das, und wenn sie sich anders entscheiden, dann gehen sie auseinander. Da ist, kein Problem

Kinder wachsen ganz anders auf als ihr das jetzt gewohnt seid. Sie können frei leben von Anfang an. Sie leben in ihren Familien und werden liebevoll umsorgt. Da sind nicht nur Vater und Mutter die sich kümmern- auch die ganze Verwandtschaft und Freunde kümmern sich um den Nachwuchs.

Da gibt es viele Einrichtungen, je nach Alter die ein Sprössling besuchen kann, um Spaß zu haben und zu lernen. Mütter sind nicht mehr mit dem Nachwuchs so belastet, da sich viele Menschen kümmern. So haben Mütter auch Zeit für sich. Manche sind kreativ und leben diese Seite aus, oder sie pflanzen Gemüse an, oder sie lehren an verschiedenen Einrichtungen.

Ihr nennt so etwas Seminare, hier sind das zahlreiche Gebäude in denen ganz unterschiedliche Sachen gelehrt werden.

Ihr müsst euch das so vorstellen: Ihr kommt in einer höheren Dimension an, diese "Entrückung" fand plötzlich statt, langsam müsst ihr euch daran gewöhnen, dass euer Leben jetzt anders funktioniert.

Stellt euch das nicht so vor, als dass ihr einen Tag später schon "beamen" könnt. Ich nenne das Wort beamen, weil ich weiß ihr kennt das noch aus der Enterprise Serie. Langsam aber sicher müsst ihr diese Fähigkeiten alle wieder erlernen. Aus diesem Grunde stehen überall schöne bunte Häuser, in die ihr einfach gehen könnt, um etwas zu lernen.

Ich verspreche euch eines: Ihr werdet am Anfang den Mund nicht mehr zubekommen- es wird für euch aussehen als seid ihr in einem sehr realen Traum.

Noch einmal zu den Besitzverhältnissen, weil ich weiß, das könnt ihr euch nur sehr schwer vorstellen, nichts mehr zu besitzen. Das heißt aber nicht, dass ihr nichts mehr "habt", ganz und gar nicht, ihr seid sogar sehr reich, weil ihr euch alles blitzschnell erschaffen könnt. Das wird euch anfangs sehr viel Spaß machen. Klar: Schnell mal eine neue Hose oder einen neuen Schrank... später, verliert ihr das Interesse daran und andere Sachen machen euch mehr Spaß.

Ich habe euch erzählt es gibt keine Zäune mehr. Stellt euch das so vor: Jemand hat eine Vorliebe für den Anbau von Früchten, der Nachbar möchte lieber Gemüse erzeugen, und der Dritte versucht sich im Anbau von Getreide.

Du möchtest dein Essen zubereiten, dann gehst du nicht in einen Supermarkt, so etwas gibt es nicht mehr, sondern siehst dich in deiner Umgebung um, wo etwas Leckeres gerade reif ist und holst es dir einfach. Alles ist miteinander verbunden, es gibt keine Trennung mehr. Auch muss nicht getauscht werden. Alles ist für jeden da, keine Begrenzungen mehr. Nur Fülle. Das Paradies auf Erden.

Jeder macht genau das wozu er Lust hat- das ist der Grund warum es nur noch Schönes, gibt. Wenn die Liebe fliest, dann ist das Essen auch gesund.

Einer malt gerne Bilder oder bastelt gerne Deko, ein anderer musiziert für sein Leben gerne und komponiert Musikstücke.

Ihr habt so unendlich viele Talente, aber ihr lebt sie nicht aus. Permanent rennt ihr in eure Arbeit und sitzt dann vor euren elektronischen Geräten. Ihr wisst gar nicht mehr, wie euer Gemüse überhaupt wächst, weil ihr nur vor den Bildschirmen sitzt. Das ist kein reales Leben, das ihr führt, das ist nur eine Täuschung. Die neue Erde ist real, da könnt ihr wieder mit allen euren Sinnen leben und lieben.

Jeder ist für den anderen da. Da gibt, es keine Pflegekräfte, die teuer bezahlt werden müssen. Wenn jemand Hilfe benötigt, sind immer genügend Menschen da, die gerne helfen. Es gibt auch keine Krankenhäuser mehr und Altenheime sowieso nicht, weil niemand mehr alt ist. Jeder sucht sich sein Alter selbst aus. Die meisten sind jung, weil sie sich jugendlich einfach wohler fühlen als alt.

Sollte jemand krank sein, kommt er in ein Haus, das man eher als Energietankstelle bezeichnen könnte. Es ist auf einem sogenannten Energiepunkt gebaut. Die extrem starke Energie kann man schon beim Eintritt spüren, das ist schön. Die kranken Menschen verbleiben eine Zeit in diesen Häusern, um ihre Energie wieder anzuheben. Die Organe heilen von alleine, wenn der Energiepegel wieder stimmt. Diese besonderen Häuser sind mit Materialien gebaut, die so ähnlich sind, wie eure Edelsteine. Es gibt verschiedene Teilbereiche, für verschiedene Krankheiten. Wenn ihr jetzt auf der Erde Arzt seid, werdet ihr erstaunt sein, wie Heilung in der neuen Zeit funktioniert.

Der Ansatz ist ein ganz anderer als ihr ihn jetzt gewohnt seid. Hier wird mit Energie geheilt, also nicht auf der feststofflichen Basis. Eure Körper sind auch nicht mehr so dicht wie jetzt, sondern viel lichter, demzufolge bedarf es anderer Heilmethoden, als jetzt eine Pille zu schlucken, wenn etwas weh tut. Nicht zu vergessen die Heilgärten wie ich sie eben schon erwähnt habe.

Das Essen hat eine sehr hohe Energie- alles wächst und gedeiht auf einem gesunden Boden. Natürlich gibt es keine chemischen Dünger, Schädlinge gibt es überhaupt nicht. Es ist eine Fülle, wie ihr es euch niemals auch nur ansatzweise vorstellen könnt. Die

Pflanzen werden mit viel Liebe behandelt. Die Samen werden vor dem Setzen in der Hand gehalten und angehaucht, somit haben sie die Energie der Gärtnerin oder des Gärtners mit aufgenommen und gedeihen prächtig.

Alles wächst völlig natürlich, die Gärtner sind voller Liebe, diese Energie geht in die Pflanzen und nährt die Menschen, wenn sie die Früchte essen. Die Pflanzenreste werden wieder dem Boden zugeführt, ein immerwährender Kreislauf. Die Böden sind auf der neuen Erde völlig gesund.

Die Landschaft könnt ihr euch vorstellen wie im Paradies. Ich weiß ihr könnt euch nicht mehr an das Paradies erinnern...

Es gibt keine Flächen die betoniert oder mit Betonsteinen oder Teer zugepflastert sind, alles ist grün und bunt. Es gibt Farben die könntet ihr heute noch nicht sehen. Das Farbspektrum wird viel größer, je höher die Dimension ist. Wir in den höheren Dimensionen haben noch ein viel größeres

Farbspektrum wie ihr es dann auf der neuen Erde haben werdet.

Überall blüht es, es gibt Insekten, da werdet ihr staunen, vor allem über die Größe. So eine ähnliche Art wie eure Libelle ist hier 30 cm lang und glitzert in den schönsten Farben. Es gibt unglaublich viele Tierarten. In letzter Zeit sind auf eurer Erde viele Arten ausgestorben. Das ist nur die halbe Wahrheit, sie haben in Wirklichkeit nur die Dimension gewechselt, sie sind euch nur vorausgegangen.

Auch die Tierarten, vor denen ihr jetzt Angst habt, also große und fleischfressende Tiere, sind hier lammfromm.

Der Löwe liegt friedlich neben dem Schaf. Keiner würde hier auf die Idee kommen und den anderen aufessen. Menschen essen kein Fleisch mehr. Das ist nur noch eine Erscheinung der dritten Dimension: Hier leben einige von den Energien der anderen, in dem sie deren Fleisch essen. Das ist auf der neuen Erde nicht mehr nötig, da Energie in rauen Mengen vorhanden ist. Somit muss niemand mehr töten. Alle leben friedlich nebeneinander her. Stell dir vor, morgens beim Frühstück auf deiner Veranda, kommt ein Löwe und schmust sich zu dir hin, das wird bald dein Alltag sein.

Da es auf der neuen Erde nur natürliche Materialien gibt, ist der Planet frei von Müll. Alle Alltagsgegenstände, die ihr benötigt sind aus Naturfasern. Ihr habt jetzt auch schon gute Ansätze mit eurem Hanf. Daraus kann man sämtliche Verpackung herstellen, sogar Kleidung. Eine tolle Pflanze.

Der elektrische Strom, so wie ihr ihn jetzt kennt, gehört der Vergangenheit an. Eure Technologien sind total veraltet und umweltschädlich. Solar und Windkraft sind alles andere als sauber. In der neuen Welt ist genügend Energie da und die Menschen wissen wie sie für ihre Zwecke genutzt werden kann. Ihr habt diese Erfindungen schon längst in irgendwelchen Schränken liegend, doch ist die Zeit noch nicht reif auf der dichten Erde. Glaubt mir alles ist möglich. Die Menschheit wird in einer völlig intakten Natur leben, ohne auf ihren Luxus zu verzichten. Ihr sollt nicht denken, euer Leben würde aussehen wie in der Steinzeit. Nein ganz und gar nicht, ihr werdet erstaunt sein wie viel Spaß es machen wird auf dem neuen Planeten zu leben. Es wird euch nie mehr an etwas mangeln. Alles ist da und wenn etwas fehlt, dann könnt ihr es euch erschaffen. Ganz leicht. Freut euch darauf, es ist wirklich der Himmel auf Erden.

Es ist das Paradies auf Erden. So wird es sein. Die neue Erde ist schon da, sie wartet auf euch. Es liegt jetzt an euch, wie lange ihr noch warten wollt, um endlich ein sorgenfreies Leben zu führen.

Ihr habt die Wahl, ihr müsst nur eure Energie anheben, dann könnt ihr jederzeit einen Ausflug hierher machen.

Die Schleier lüften sich. Jeder Tag bringt euch ein Stückchen näher. Geht MIT der Energie und sträubt euch nicht dagegen. Wenn sie euch müde macht, dann ruht euch aus. Denkt nicht: Ich müsste jetzt zur Arbeit gehen, lasst euch krankschreiben- nicht mehr lange, dann gibt es eure Arbeit sowieso nicht mehr. Ihr müsst jetzt auf euch achten. Geht liebevoll mit euch um und versucht immer eure Energie hochzuhalten.

Es liegt an euch, je mehr Menschen die Energie anheben, desto schneller kommt es zu der gewünschten Entrückung.

Arbeiten gehen, gehört auch der Vergangenheit an. Es gibt kein Geld mehr, also muss niemand mehr stundenlang etwas tun, wozu er keine Lust hat.

Ihr werdet begeistert sein und staunen, wenn ihr seht, wie viele Talente in euch schlummern. Die 40 Stundenwoche gehört der Vergangenheit an- ihr werdet noch viel mehr "arbeiten". Nein arbeiten kann man es nicht nennen, eher spielen. Wenn man etwas tut, das einem Spaß macht, möchte man damit gar nicht mehr aufhören. Keine Begrenzungen mehr, euer Leben wird nur noch aus Spaß und Spiel bestehen.

Die Kinder können völlig unbehelligt in der Natur und in den Wäldern spielen. Es gibt keine Gefahren mehr.

Alle fühlen sich gegenseitig verantwortlich. Das wird euch begeistern.

Auf der neuen Erde seid ihr frei, völlig frei.

Wir in den geistigen Reichen wissen, wie lange ihr auf diesen Zeitpunkt gewartet habt, so unendlich lange musstet ihr in einem Ausbeutersystem leben, aber diese Zeiten sind jetzt vorbei.

Die neue Erde ist schon da – auch und besonders ihr jungen Leute werdet sehnlichst erwartet.

Ihr habt so unendlich viel Liebe und schöne hoch schwingende Energie in euch, teilt sie mit der Welt, hebt eure Frequenz an, damit ihr schnell den neuen Planeten, der auf euch wartet, bewohnen könnt.

Denkt immer daran wir sind euch ganz nah und immer für euch da. Ihr braucht uns nur zu bitten, dann können wir euch helfen.

Ohne euer Einverständnis dürfen wir nicht einschreiten. Das nennt man den freien Willen.

Bittet und euch wird gegeben.

Wir freuen uns euch wieder auf der neuen Erde zu treffen.

Wir ziehen uns jetzt wieder zurück.

Danke mein Freund.

Schlusswort

Die neue Erde ist schon da und wartet auf euch jungen Menschen. Ihr werdet die neue Welt bevölkern, so ist der Plan.

Lass dich von der Gesellschaft nicht an der Nase herumführen, finde deinen eigenen Weg und deine eigene Wahrheit. Mache dich zuallererst frei von dem ganzen Müll, den du in deinem Verstand und Unterbewusstsein, abgespeichert hast.

Wenn du deine Wahrheit gefunden hast, dann gehe unbeirrt **deinen** Weg. Lasse dich von niemanden aufhalten oder von deinem Weg abbringen. Mache alles wozu du Lust hast. Genieße das Leben in vollen Zügen, das ist dein Geburtsrecht. Hab viel Spaß und lasse nichts aus. Sei liebevoll zu deinen Mitmenschen, selbiges wirst du um das zigfache verstärkt, zurückbekommen. Dein Leben wird leicht und unbeschwert sein, wenn du immer nur das Gute in deinen Mitmenschen siehst.

Du kannst auch jetzt schon die neue Erde besuchen- hebe deine Schwingung dann lüftet sich der Schleier und du kannst ein paar Schritte hinübergehen.

Wir stehen kurz davor endgültig auf die neue Erde "umzusiedeln". Der Zeitpunkt hängt mit unserer Eigenschwingung und der von Mutter Erde zusammen. Je zügiger wir die höhere Energie erreichen, desto schneller sind wir auf der neuen Erde, so einfach ist das. Jede einzelne Seele zählt. Mache es dir zur Aufgabe, so viele Menschen wie möglich glücklich zu machen, bringe sie zum Lachen sooft du kannst, und liebe sie. Liebe die Menschen, die Tiere, die Natur und das ganze Leben.

Liebe ist das einzige das sich vermehrt, je mehr man gibt.

Du hast unendlich viel Liebe in deinem Herzen. Lass sie heraus. Hüpfe durch das Leben, singe und freue dich an allem. Spiele wie ein kleines Kind, das macht Spaß!

Wenn du das kannst:

dich einfach grundlos zu freuen, dann bist du ein sicherer Kandidat für die neue Erde.

Wir sehen uns auf der neuen Erde. Ich freue mich darauf.

In diesem Sinne:

Wünsche ich dir eine tolle Zeit mit vielen wunderschönen Momenten.

Lass keinen Augenblick deines Lebens verstreichen, ohne glücklich zu sein.

Deine Paula Himmelreich

Herausgeber:

Veronique Geist,

Marktstr. 28, 86866 Mickhausen

paulahimmelreich@web.de

Printed in Poland
by Amazon Fulfillment
Poland Sp. z o.o., Wrocław

56232415R00063